中華文化復興運動推行委員會
國立編譯館中華叢書編審委員會　主編

史記今註　第二冊

馬持盈註

臺灣商務印書館發行

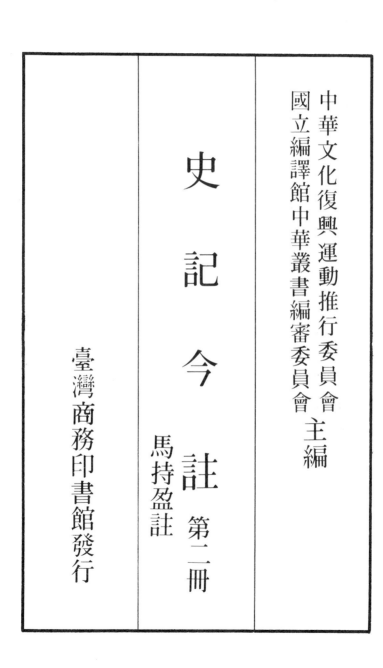

史記今註　第二冊

目錄

卷十四　十二諸侯年表第二……四五三
卷十五　六國年表第三……六三〇
卷十六　秦楚之際月表第四……七一二
卷十七　漢興以來諸侯年表第五……七五八
卷十八　高祖功臣侯者年表第六……八三五
卷十九　惠景間侯者年表第七……九五一

史記卷十四　十二諸侯年表第二

（篇名十二諸侯，而實際所叙述者則有十三諸侯，因其中之吳國稱霸在後，故也。）

太史公讀春秋曆譜諜（一），至周厲王，未嘗不廢書而歎也（二）。曰：嗚呼，師摯見之矣（三）！紂爲象箸，而箕子唏（四）。周道缺，詩人本之衽席（五），關雎作。仁義陵遲（六），鹿鳴刺焉（七）。及至厲王，以惡聞其過，公卿懼誅而禍作，厲王遂奔于彘（八），亂自京師始，而共和行政焉。是後或力政，彊乘弱（九），興師不請天子。然挾王室之義（一〇），以討伐爲會盟主，政由五伯（一一），諸侯恣行，淫侈不軌（一二），賊臣篡子滋起矣（一三）。齊、晉、秦、楚其在成周微甚，封或百里或五十里。晉阻三河，齊負東海，楚介江淮，秦因雍州之固，四海迭興，更爲伯主，文武所褒大封，皆威而服焉。是以孔子明王道，干七十餘君（一四），莫能用，故西觀周室，論史記舊聞，興於魯而次春秋，上記隱，下至哀之獲麟，約其辭文，去其煩重（一五），以制義法（一六），王道備，人事浹。七十子之徒口受其傳指，爲有所刺譏褒諱挹損之文辭不可以書見也。魯君子左丘明懼弟子人人異端，各安其意，失其眞，故因孔子史記具論其語，成左氏春秋。鐸椒爲楚威王傳，爲王不能盡觀春秋，采取成敗，卒四十章，爲鐸氏微（一七）。趙孝成王時，其相虞卿上采春秋，下觀近勢，亦著八篇，爲虞氏春秋。呂不韋者，秦莊襄王相，亦上觀尚古，删拾春秋，集六國時事，以爲八覽、六論、十二紀，爲呂氏春秋。及如荀卿、孟子、公孫固、韓非之徒，各往往捃摭春秋之文以著書（一八），不可勝紀。漢相張蒼曆譜五德（一九），上大夫董仲舒推春秋義，頗著文焉（二〇）。

【註】（一）春秋曆譜諜：自古爲春秋學者，有年曆、譜諜之說，故杜元凱作春秋長曆及公子譜。藝文志有古帝王譜。可見古時有年曆譜諜之史料，司馬遷當時猶及讀之，至後代而闕失耳。譜諜：即譜牒，譜系也。譜者，籍錄也，凡籍錄人、物，而詳列其次序者，皆謂之譜，如家譜、年譜、食譜、棋譜，皆是也。（二）廢書而歎：有所感，暫時停讀而歎息。（三）師摯：魯太師之名。周道衰微，鄭衞之音作，正樂廢而失節，魯太師摯識關雎之聲，首理其亂也。（四）象箸：象牙筷子。唏：音希、哀歎、哀而不泣。（五）衽席：寢處之所。（六）陵遲：衰替、廢弛。（七）鹿鳴：詩

經篇名，諸侯間宴飲之詩。（八）彘：地名，在河東，後爲永安縣。（九）力政：卽力征，以武力相征服。彊乘弱：強者騎在弱者的身上，卽強者欺壓弱者。（一〇）假借王室的名義。（一一）五伯：卽五霸。（一二）不軌：不守法度。（一三）滋起：多起，紛然而起。（一四）干：求用。（一五）煩雜重複。（一六）以制定大義與法度。（一七）鐸氏微：書名，鐸椒所著。採集春秋時事，說明其成敗得失之原由，故曰鐸氏微，鐸氏之微言大義也。（一八）捃摭：拾取，採取。捃，音郡（ㄐㄩㄣˋ）。摭，音直（ㄓˊ）。（一九）張蒼著終始五德傳。（二〇）董仲舒，著春秋繁露、精言奧義，往往而在。

茲將全文之大意，譯述如下：

太史公讀春秋曆譜諜，到了周厲王的時候，心中感慨甚多，不由得要輟書而歎。說道：唉！魯太師摯可以說是有先見之明了（魯國益衰，三桓僭妄，太師摯等知大亂將至，故離開魯國，適齊蹈海以避亂）。昔者，紂王作象牙筷子，而箕子悲哀，因爲箕子覺得紂王既作象牙筷子，就必然要作玉石的酒杯，這是酗酒者的一貫作業，所以箕子悲傷。周道缺失，詩人以衽席之所的私生活爲本而作關睢，所以糾正鄭衞之音的社會風氣也。仁義敗壞，而鹿鳴之詩所以表示諷勸之意。到了厲王，因爲厭惡聽到別人說他的過失，公卿大臣們怕的受誅戮，大家都不敢說，所以禍殃便發作了，厲王也出奔於彘地，京師開始混亂，而由周、召二公聯合主持政治，所謂「共和行政」是也。從此以來，諸侯以武力相征服，強大的國家欺壓弱小的國家，興師動衆也不請命於天子。但是，他們常常假借王室的名義，以討伐叛亂爲會盟之主，政令由五霸操縱，諸侯們肆意妄行，荒淫奢侈，不守法度，於是亂臣賊子紛然而起了。齊國、晉國、秦國、楚國，在西周之時，都是些微小的國家，封土或百里或五十里不等。以後晉國靠着三河的險阻，齊國負恃東海的僻遠，楚國憑仗江淮的夾介，秦國根據雍州的堅固，所以他們交互輪替，更爲霸主，以前文王武王所褒封的大國，現在都害怕他們而屈服了。孔子明先王之道，周遊天下，徧求七十多個君主，但是都沒有能用他的，所以他到了西方，參觀周室的圖書，論列歷史的記錄與舊日的故事，以魯國爲主體而編輯春秋，上記隱公，下至哀公之獲麟，簡約其文辭，删去其重複，以制定大義與法度，可以說是王道大備而人事和洽。七十幾個大弟子們都受了孔子親口的傳授，不過因爲所講的內容，對於當時諸侯都有些褒貶刺激的批評，所以不能詳細的見之於書面文字。以後，魯國有一位君子名叫左丘明者懼怕弟子們人人各持異端，各執己見，失去了歷史的眞相，所以根據孔子史記詳細的論述孔子所講的話，作成了一部左氏春秋。鐸椒爲楚威王師傅，爲的是楚王不能全部的看完春秋（楚之春秋，不一定是孔子所述的魯之春秋，因各國各有其己國之春秋也），所以他便採取成敗歷史，完成爲四十章，其書名爲鐸氏微。趙國孝成王的時候，其輔相虞卿上采春秋的記錄，下觀近代的時勢，也著作八篇，書名爲虞氏春秋。呂不韋者，是秦國莊襄王之輔相，也是上觀尚古，删取春秋，集合六國時事，以爲八覽、六論、十二紀，爲呂氏春秋。其他如荀卿、孟子、公孫固、韓非之徒，各自往往拾取春秋的文章以著書，很多很多，不能盡舉。漢朝的宰相張蒼曆譜五德，上大夫董仲舒推演春秋的意義，着了不少的文章。

太史公曰：儒者斷其義，馳說者騁其辭，不務綜其終始；曆人取其年月，數家隆於神運，譜諜獨記世謚，其辭略（一），欲一觀諸要難（二）。於是譜十二諸侯，自共和訖孔子，表見春秋、國語學者所譏盛衰大指著于篇，爲成學治古文者要刪焉（三）。

【註】（一）太史公說：「儒者對於春秋，只是斷章取義；遊說者，對於春秋只是縱橫其辭令，不專一考核事情的終始；治曆法的人，對於春秋只是取其年月；陰陽術數之家，對於春秋只是重視其神運；治譜諜者，對於春秋只是記其世謚，他們的說辭都是很簡略的。（二）要想全部觀察諸種事務的要點，是很困難的。（三）於是譜列十二諸侯，自共和時代至於孔子，以年表的方式，把研究春秋及國語之學者所探考（譏）之盛衰大旨，著之於篇，提其綱要，刪其煩複，以供成學之人與治古文者的參考。

	庚申
周	共和元年 集解 徐廣曰：「自共和元年，歲在庚申，訖敬王四十三年，凡三百六十五年。共和在春秋前一百一十九年。」
魯	眞公濞 索隱 系本作「愼公摯」。鄒誕本作「愼公嚊」，「眞公」，伯禽之玄孫，十五年，一云十四年
齊	武公壽 索隱 太公五代孫，獻公子也。宋衷曰：「武公十年，宣王大臣共行政，號曰共和，十四年，宣王即位。」十年
晉	靖侯宜臼 索隱 唐叔五代孫，厲侯之子也。宋衷曰：「唐叔已下五代無年紀。」十八年
秦	秦仲 索隱 非子曾孫，公伯之子。宣王命爲大夫，誅西戎也。四年
楚	熊勇 索隱 楚，芊姓，粥熊之後，因氏熊。熊勇，熊延之子，熊繹十一代孫。七年
宋	釐公 索隱 微仲六代孫，厲公之子也。十八年
衞	釐侯 索隱 唐叔七代孫，頃侯之子。頃侯賂周，始命爲侯。十四年
陳	幽公寧 索隱 胡公五代孫。十四年
蔡	武侯 索隱 蔡仲五代孫也。二十三年
曹	夷伯 索隱 名喜，振鐸六代孫也。二十四年
鄭	
燕	惠侯 索隱 召公奭九世孫也。立三十八年。二十四年
吳	

索隱宣王少，周召二公共相王室，故曰共和。宣王，厲王之子也。徐氏云：「元年至敬王四十三年，凡三百六十五年。共和在春秋前一百一十

周	九年也。」厲王子居召公宮，是爲宣王。王少，大臣共和行政。
魯	
齊	
晉	
秦	
楚	
宋	
衛	
陳	
蔡	
曹	
鄭	
燕	
吳	

840	839	838	837	836	835	834
			甲子			
二	三	四	五	六	七	八
十六	十七	十八	十九	二十	二十一	二十二
十一	十二	十三	十四	十五	十六	十七
晉釐侯司徒元年	二	三	四	五	六	七
五	六	七	八	九	十	十一
八	九	十	楚熊嚴元年	二	三	四
十九	二十	二十一	二十二	二十三	二十四	二十五
十五	十六	十七	十八	十九	二十	二十一
十五	十六	十七	十八	十九	二十	二十一
二十四	二十五	二十六	蔡夷侯元年	二	三	四
二十五	二十六	二十七	二十八	二十九	三十	曹幽伯彊元年
二十五	二十六	二十七	二十八	二十九	三十	三十一

	833	832	831	830
周	九	十	十一	十二
魯	二十三	二十四	二十五	二十六
齊	十八	十九	二十	二十一
晉	八	九	十	十一
秦	十二	十三	十四	十五
楚	五	六	七	八
宋	二十六	二十七	二十八	宋惠公覸元年 索隱 覸音閑。又音覸下板反。
衞	二十二	二十三	二十四	二十五
陳	二十二	二十三	陳釐公孝元年	二
蔡	五	六	七	八
曹	二	三	四	五
鄭				
燕	三十二	三十三	三十四	三十五
吳				

829	828	827
		甲戌
十三	十四　宣王即位，共和罷。索隱 二相還政，宣王稱元年也。	宣王元年
二十七	二十八	二十九
二十二	二十三	二十四
十二	十三	十四
十六	十七	十八
九	十	楚熊霜元年
二	三	四
二十六	二十七	二十八
三	四	五
九	十	十一
六	七	八
三十六	三十七	三十八

	825	826
周	三	二
魯	魯武公敖元年	三十
齊	二十六	二十五
晉	十六	十五
秦	二十	十九
楚	三	二
宋	六	五
衛	三十	二十九
陳	七	六
蔡	十三	十二
曹	曹戴伯鮮元年	九
鄭		
燕	二	燕釐侯莊 索隱 徐廣云一無「莊」字。案：燕失年紀及名，此言「莊」者，衍字也。 元年
吳		

824	823	822	821
四	五	六	七
二	三	四	五
齊厲公無忌元年	二	三	四
十七	十八	晉獻侯籍元年	二
二十一	二十二	二十三	秦莊公其元年 索隱其，名也。案：秦之先竝不記名，恐其非名。
四	五	六	楚熊徇元年
七	八	九	十
三十一	三十二	三十三	三十四
八	九	十	十一
十四	十五	十六	十七
二	三	四	五
三	四	五	六

	814	815	816	817	818	819	820	
				甲申				
周	十四	十三	十二	十一	十	九	八	
魯	二	魯懿公戲元年	十	九	八	七	六	
齊	二	齊文公赤元年	九	八	七	六	五	
晉	九	八	七	六	五	四	三	
秦	八	七	六	五	四	三	二	元年
楚	八	七	六	五	四	三	二	
宋	十七	十六	十五	十四	十三	十二	十一	
衛	四十一	四十	三十九	三十八	三十七	三十六	三十五	
陳	十八	十七	十六	十五	十四	十三	十二	
蔡	二十四	二十三	二十二	二十一	二十	十九	十八	
曹	十二	十一	十	九	八	七	六	
鄭								
燕	十三	十二	十一	十	九	八	七	
吳								

813	812	811
十五	十六	十七
三	四	五
三	四	五
十	十一	穆侯弗生 索隱 晉穆公生。案：系家名費生，或作「潰生」。系本名弗生，則生是穆公名。
九	十	十一
九	十	十一
十八	十九	二十
四十二	衞武公和元年	二
十九	二十	二十一
二十五	二十六	二十七
十三	十四	十五
十四	十五	十六

		810	809	808
周		十八	十九	二十
魯		六	七	八
齊		六	七	八
晉	元年	二	三	四 取齊
秦		十二	十三	十四
楚		十二	十三	十四
宋		二十一	二十二	二十三
衛		三	四	五
陳		二十二	二十三	二十四
蔡		二十八	蔡釐侯所事 索隱 蔡釐侯所。案：系家釐侯名所事。 元年	二
曹		十六	十七	十八
鄭				
燕		十七	十八	十九
吳				

	807	806
	甲午	
	二十一	二十二
	九	魯孝公稱元年。伯御立為君，稱為諸公子云。伯御，武公
	九	十
女為夫人	五	六
	十五	十六
	十五	十六
	二十四	二十五
	六	七
	二十五	二十六
	三	四
	十九	二十
		鄭桓公友。索隱 宣王母弟。宣王二十二年封之鄭，立三十六年，與幽王俱死犬戎之難也。
	二十	二十一

		805	804	803
周		二十三	二十四	二十五
魯	孫。	二	三	四
齊		十一	十二	齊成公說
晉		七 以伐條生太子仇。	八	九
秦		十七	十八	十九
楚		十七	十八	十九
宋		二十六	二十七	二十八
衛		八	九	十
陳		二十七	二十八	二十九
蔡		五	六	七
曹		二十一	二十二	二十三
鄭	元年始封周宣王母弟。	二	三	四
燕		二十二	二十三	二十四
吳				

	二十六
	五
索隱系家「說」作「脫。」元年	二
	十 以千畝戰生仇弟成師。二子名反，君子譏之。後亂。
	二十
	二十
	二十九
	十一
	三十
	八
	二十四
	五
	二十五

	796	797	798	799	800	801
		甲辰				
周	三十二	三十一	三十	二十九	二十八	二十七
魯	十一 周宣王誅伯御	十	九	八	七	六
齊	八	七	六	五	四	三
晉	十六	十五	十四	十三	十二	十一
秦	二十六	二十五	二十四	二十三	二十二	二十一
楚	四	三	二	楚熊鄂元年	二十二	二十一
宋	四	三	二	宋戴公立。元年	宋惠公薨。 三十一	三十
衛	十七	十六	十五	十四	十三	十二
陳	三十六	三十五	三十四	三十三	三十二	三十一
蔡	十四	十三	十二	十一	十	九
曹	三十	二十九	二十八	二十七	二十六	二十五
鄭	十一	十	九	八	七	六
燕	三十一	三十	二十九	二十八	二十七	二十六
吳						

794	795	
三十四	三十三	
十三	十二	，立其弟稱，是爲孝公。
齊莊公贖 索隱 劉氏音神欲反	九	
十八	十七	
二十八	二十七	
六	五	
六	五	
十九	十八	
二	陳武公靈元年	
十六	十五	
二	曹惠（公）伯雉 索隱 一作「兕」。元年	
十三	十二	
三十三	三十二	

		793	792	791	790
周		三十五	三十六	三十七	三十八
魯		十四	十五	十六	十七
齊	。系家及系本並作「購。」元年	二	三	四	五
晉		十九	二十	二十一	二十二
秦		二十九	三十	三十一	三十二
楚		七	八	九	楚若敖 索隱 熊鄂子熊儀也，號若
宋		七	八	九	十
衞		二十	二十一	二十二	二十三
陳		三	四	五	六
蔡		十七	十八	十九	二十
曹		三	四	五	六
鄭		十四	十五	十六	十七
燕		三十四	三十五	三十六	燕頃侯元年
吳					

	785	786	787	788	789	
			甲寅			
	四十三	四十二	四十一	四十	三十九	
	二十二	二十一	二十	十九	十八	
	十	九	八	七	六	
穆侯卒，弟殤叔自立，太子仇出奔。	二十七	二十六	二十五	二十四	二十三	
	三十七	三十六	三十五	三十四	三十三	
	六	五	四	三	二	敖也。元年
	十五	十四	十三	十二	十一	
	二十八	二十七	二十六	二十五	二十四	
	十一	十	九	八	七	
	二十五	二十四	二十三	二十二	二十一	
	十一	十	九	八	七	
	二十二	二十一	二十	十九	十八	
	六	五	四	三	二	

	780	781	782	783	784
周	二	幽王元年	四十六	四十五	四十四
魯	二十七	二十六	二十五	二十四	二十三
齊	十五	十四	十三	十二	十一
晉	晉文	四 仇攻殺殤叔，立為文侯。	三	二	晉殤叔元年
秦	四十二	四十一	四十	三十九	三十八
楚	十一	十	九	八	七
宋	二十	十九	十八	十七	十六
衞	三十三	三十二	三十一	三十	二十九
陳	陳夷	十五	十四	十三	十二
蔡	三十	二十九	二十八	二十七	二十六
曹	十六	十五	十四	十三	十二
鄭	二十七	二十六	二十五	二十四	二十三
燕	十一	十	九	八	七
吳					

773	774	775	776	777	778	779	
				甲子			
九	八	七	六	五	四	三　王取褒姒。	三川震。
三十四	三十三	三十二	三十一	三十	二十九	二十八	
二十二	二十一	二十	十九	十八	十七	十六	
八	七	六	五	四	三	二	侯仇元年
五	四	三	二	秦襄公元年	四十四	四十三	
十八	十七	十六	十五	十四	十三	十二	
二十七	二十六	二十五	二十四	二十三	二十二	二十一	
四十	三十九	三十八	三十七	三十六	三十五	三十四	
五	四	三	二	陳平公燮元年	三	二	公說元年
三十七	三十六	三十五	三十四	三十三	三十二	三十一	
二十三	二十二	二十一	二十	十九	十八	十七	
三十四	三十三	三十二	三十一	三十	二十九	二十八	
十八	十七	十六	十五	十四	十三	十二	

	770	771	772
周	平王元年東徙雒邑。	十一 幽王為犬戎所殺。	十
魯	三十七	三十六	三十五
齊	二十五	二十四	二十三
晉	十一	十	九
秦	八 初立西畤，祠白帝。	七 始列為諸侯。	六
楚	二十一	二十	十九
宋	三十	二十九	二十八
衛	四十三	四十二	四十一
陳	八	七	六
蔡	四十	三十九	三十八
曹	二十六	二十五	二十四
鄭	鄭武公滑突 索隱滑，一作「掘」並音	三十六 以幽王故，為犬戎所殺。	三十五
燕	二十一	二十	十九
吳			

768	769	
三	二	
魯惠公弗湟索隱魯惠公弗生。系家作「弗湟」，系本作「弗皇。」元年	三十八	
二十七	二十六	
十三	十二	
十	九	
二十三	二十二	
三十二	三十一	
四十五	四十四	
十	九	
四十二	四十一	
二十八	二十七	
三	二	胡忽反。元年
二十三	二十二	

	764	765	766	767
				甲戌
周	七	六	五	四
魯	五	四	三	二
齊	三十一	三十	二十九	二十八
晉	十七	十六	十五	十四
秦	二	秦文公元年	十二 伐戎至岐而死。	十一
楚	二十七	二十六	二十五	二十四
宋	二	宋武公司空元年	三十四	三十三
衞	四十九	四十八	四十七	四十六
陳	十四	十三	十二	十一
蔡	四十六	四十五	四十四	四十三
曹	三十二	三十一	三十	二十九
鄭	七	六	五	四
燕	燕鄭侯元年	二	燕哀侯元年	二十四
吳				

八
六
三十二
十八
三
楚霄敖　索隱楚甯敖。案：系家若敖子熊坎立，是爲霄敖。此作「甯敖，」恐是「霄」字訛變爲「甯」也。劉伯莊但隨字而音，更不分析。
三
五十
十五
四十七
三十三
八
二

	757	758	759	760	761	762	
	申甲						
周	十四	十三	十二	十一	十	九	
魯	十二	十一	十	九	八	七	
齊	三十八	三十七	三十六	三十五	三十四	三十三	
晉	二十四	二十三	二十二	二十一	二十	十九	
秦	九	八	七	六	五	四	
楚	楚蚡	六	五	四	三	二	元年
宋	九	八	七	六	五	四	
衞	衞莊	五十五	五十四	五十三	五十二	五十一	
陳	二十一	二十	十九	十八	十七	十六	
蔡	三	二	蔡戴侯元年	二	蔡共侯興元年	四十八	
曹	三	二	曹穆公元年	三十六	三十五	三十四	
鄭	十四	十三	十二	十一	十 娶申侯女武姜。	九	
燕	八	七	六	五	四	三	
吳							

755	756	
十六	十五	
十四	十三	
四十	三十九	
二十六	二十五	
十一	十　作鄜畤。	
三	二	冒[索隱]鄒氏云「蚡」一作「粉」，音僨。冒音亡報反，又音默也。元年
十一	十	
三	二	公楊元年
二十三	二十二	
五	四	
二	曹桓公終生元年	
十六	十五	生莊公寤生。
十	九	

	754	753	752	751	750
周	十七	十八	十九	二十	二十一
魯	十五	十六	十七	十八	十九
齊	四十一	四十二	四十三	四十四	四十五
晉	二十七	二十八	二十九	三十	三十一
秦	十二	十三	十四	十五	十六
楚	四	五	六	七	八
宋	十二	十三	十四	十五	十六
衞	四	五	六	七	八
陳	陳文公圉元年生桓公鮑、厲公他。他母蔡女。	二	三	四	五
蔡	六	七	八	九	十
曹	三	四	五	六	七
鄭	十七 生大叔段，母欲立段，公不聽。	十八	十九	二十	二十一
燕	十一	十二	十三	十四	十五
吳					

745	746	747	748	749
		甲午		
二十六	二十五	二十四	二十三	二十二
二十四	二十三	二十二	二十一	二十
五十	四十九	四十八	四十七	四十六
晉昭侯元	三十五	三十四	三十三	三十二
二十一	二十	十九 作祠陳寶。	十八	十七
十三	十二	十一	十	九
三	二	宋宣公力元年	十八 生魯桓公母。	十七
十三	十二	十一	十	九
十 文公	九	八	七	六
五	四	三	二	蔡宣侯楷論元年
十二	十一	十	九	八
二十六	二十五	二十四	二十三	二十二
二十	十九	十八	十七	十六

周	
魯	
齊	
晉	年封季（弟）〔父〕成師于曲沃，曲沃大於國，君子譏曰：「晉人亂自曲沃
秦	
楚	
宋	
衛	
陳	卒。
蔡	
曹	
鄭	
燕	
吳	

741	742	743	744	
三十	二十九	二十八	二十七	
二十八	二十七	二十六	二十五	
五十四	五十三	五十二	五十一	
五	四	三	二	始矣。」
二十五	二十四	二十三	二十二	
十七	十六	十五	十四	
七	六	五	四	
十七　愛妾子州	十六	十五	十四	
四	三	二	陳桓公元年	
九	八	七	六	
十六	十五	十四	十三	
三	二	鄭莊公寤生元年。祭仲相。	二十七	
二十四	二十三	二十二	二十一	

		740	739
周		三十一	三十二
魯		二十九	三十
齊		五十五	五十六
晉		六	潘父殺昭侯，納成師，不克。昭侯子立，是爲
秦		二十六	二十七
楚		武王立。	二
宋		八	九
衛	吁，州吁好兵。	十八	十九
陳		五	六
蔡		十	十一
曹		十七	十八
鄭		四	五
燕		二十五	二十六
吳			

737	738	
辰甲		
三十四	三十三	
三十二	三十一	
五十八	五十七	
三	二	孝侯。索隱昭侯，文侯仇之子。系家云晉太臣潘父殺昭侯，迎曲沃桓叔，晉人攻之，立昭侯子平，是爲孝侯也。
二十九	二十八	
四	三	
十一	十	
二十一	二十	
八	七	
十三	十二	
二十	十九	
七	六	
二十八	二十七	

	736	735	734	733
周	三十五	三十六	三十七	三十八
魯	三十三	三十四	三十五	三十六
齊	五十九	六十	六十一	六十二
晉	四	五	六	七
秦	三十	三十一	三十二	三十三
楚	五	六	七	八
宋	十二	十三	十四	十五
衛	二十二	二十三 夫人無子，桓公立。	衛桓公完元年	二 弟州吁驕，桓
陳	九	十	十一	十二
蔡	十四	十五	十六	十七
曹	二十一	二十二	二十三	二十四
鄭	八	九	十	十一
燕	二十九	三十	三十一	三十二
吳				

730	731	732	
四十一	四十	三十九	
三十九	三十八	三十七	
齊釐公祿	六十四	六十三	
十	九　曲沃桓叔成師卒，子代立，為莊伯。	八	
三十六	三十五	三十四	
十一	十	九	
十八	十七	十六	
五	四	三	黜之，出奔。
十五	十四	十三	
二十	十九	十八	
二十七	二十六	二十五	
十四	十三	十二	
三十五	三十四	三十三	

		729	728
周		四十二	四十三
魯		四十	四十一
齊	父元年	二　同母弟夷仲年生公孫毋知也。	三
晉		十一	十二
秦		三十七	三十八
楚		十二	十三
宋		十九　公卒，命立弟和，爲穆公。	宋穆公和元年
衞		六	七
陳		十六	十七
蔡		二十一	二十二
曹		二十八	二十九
鄭		十五	十六
燕		三十六	燕穆侯元年
吳			

727	726	725	724	
甲寅				
四十四	四十五	四十六	四十七	
四十二	四十三	四十四	四十五	
四	五	六	七	
十三	十四	十五	十六	曲沃莊伯殺孝侯，晉人立孝侯子郤為鄂侯。
三十九	四十	四十一	四十二	
十四	十五	十六	十七	
二	三	四	五	
八	九	十	十一	
十八	十九	二十	二十一	
二十三	二十四	二十五	二十六	
三十	三十一	三十二	三十三	
十七	十八	十九	二十	
二	三	四	五	

	723	722
周	四十八	四十九
魯	四十六	魯隱
齊	八	九
晉	晉鄂侯郤元年。曲沃強於晉。索隱有本「郤」作「都」者，誤也。鄂，邑；郤，其名。孝侯子也。	二
秦	四十三	四十四
楚	十八	十九
宋	六	七
衞	十二	十三
陳	二十二	二十三
蔡	二十七	二十八
曹	三十四	三十五
鄭	二十一	二十二
燕	六	七
吳		

公息姑　索隱魯隱公息。系家名息，系本名息姑也。元年　集解徐廣曰：「春秋隱元年歲在己未。」母聲子。

段作亂，奔。

	719	720	721
周	桓王	五十一	五十
魯	四	三 二月，日蝕。	二
齊	十二	十一	十
晉	五	四	三
秦	四十七	四十六	四十五
楚	二十二	二十一	二十
宋	宋殤	九 公屬孔父立殤公。馮奔鄭。	八
衛	十六	十五	十四
陳	二十六	二十五	二十四
蔡	三十一	三十	二十九
曹	三十八	三十七	三十六
鄭	二十五	二十四 侵周，取禾。	二十三 公悔，思母，不見，穿地相見。
燕	十	九	八
吳			

元年	二　使虢公伐晉之曲沃。
	五　公觀魚于棠，君子譏之。
	十三
	六　鄂侯卒。曲沃莊伯復攻晉。立鄂侯子光爲哀侯。
	四十八
	二十三
公與夷元年	二　鄭伐我。我伐鄭。
州吁弒公自立。	衞宣公晉元年共立之。討州吁。
衞石碏來告，故執州吁。	二十七
	三十二
	三十九
	二十六
	十一

	715	716	717
			甲子
周	五	四	三
魯	八 易許田，	七	六 鄭人來渝平。
齊	十六	十五	十四
晉	三	二 莊伯卒，子稱立，爲武公。	晉哀侯光元年
秦	秦寧公元年	五十	四十九
楚	二十六	二十五	二十四
宋	五	四	三
衛	四	三	二
陳	三十	二十九	二十八
蔡	三十五	三十四	三十三
曹	四十二	四十一	四十
鄭	二十九 與魯祊，	二十八	二十七 始朝王，王不禮。
燕	十四	十三	十二
吳			

713	714	
七	六	
十	九 三月，大雨雹，電。	君子譏之。
十八	十七	
五	四	
三	二	
二十八	二十七	
七 諸侯敗我。我師與衛人伐鄭。	六	
六	五	
三十二	三十一	
二	蔡桓侯封人元年	
四十四	四十三	
三十一	三十	易許田。
十六	十五	

	712	711
周	八	九
魯	十一　大夫翬請殺桓公，求爲相，公不聽，即殺公。	魯桓公允　索隱一作「兀，」
齊	十九	二十
晉	六	七
秦	四	五
楚	二十九	三十
宋	八	九
衞	七	八
陳	三十三	三十四
蔡	三	四
曹	四十五	四十六
鄭	三十二	三十三　以璧加魯，易
燕	十七	十八
吳		

十	
二　宋賂以鼎，入於太	五忽反。徐廣云一作「軏。」元年。母宋武公女，生手文爲魯夫人。
二十一	
八	
六	
三十一	
華督見孔父妻好，悅之	
九	
三十五	
五	
四十七	
三十四	許田。
燕宣侯元年	

	709	
周	十一	
魯	三 翬迎女，齊侯送女	廟，君子譏之。
齊	二十二	
晉	晉小子元年	
秦	七	
楚	三十二	
宋	二	華督殺孔父，及殺殤公。宋公馮元年華督爲相。
衛	十	
陳	三十六	
蔡	六	
曹	四十八	
鄭	三十五	
燕	二	
吳		

	708	707
		甲戌
	十二	十三　伐鄭。
君子譏之。	四	五
	二十三	二十四
	二	三
	八	九
	三十三	三十四
	三	四
	十一	十二
	三十七	三十八　弟他索隱音徒何反。陳大夫五父，後立為厲公。殺太子免。代立，
	七	八
	四十九	五十
	三十六	三十七　伐周，傷王。
	三	四

周		十四
魯		六
齊		二十五 山戎伐我。
晉		曲沃武公殺小子。周伐曲沃，立晉哀侯弟湣。索隱音旻。
秦		十
楚		三十五 侵隨，隨為善政，得止。
宋		五
衛		十三
陳	國亂，再赴。	陳厲公他元年
蔡		九
曹		五十一
鄭		三十八 太子忽救齊，齊將妻之。
燕		五
吳		

704	705	
十六	十五	
八	七	
二十七	二十六	
三	二	爲晉侯。晉侯緡元年
十二	十一	
三十七　伐隨，弗拔，但盟	三十六	
七	六	
十五	十四	
三	二　生敬仲完。周史卜完後世王齊。	
十一	十	
五十三	五十二	
四十	三十九	
七	六	

	700	701	702	703	
周	二十	十九	十八	十七	
魯	十二	十一	十	九	
齊	三十一	三十	二十九	二十八	
晉	七	六	五	四	
秦	四	三	二	秦出（公）〔子〕元年	
楚	四十一	四十	三十九	三十八	，罷兵。
宋	十一	十 執祭仲。	九	八	
衛	十九	十八 太子伋弟壽爭死。	十七	十六	
陳	七	六	五	四	
蔡	十五	十四	十三	十二	
曹	二	曹莊公射姑元年	五十五	五十四	
鄭	鄭厲	四十三	四十二	四十一	
燕	十一	十	九	八	
吳					

	699	698
	二十一	二十二
	十三	十四
	三十二 釐公令毋知秩服如太子。	三十三
	八	九
	五	六 三父殺出子，立其兄武
	四十二	四十三
	十二	十三
	衞惠公朔元年	二
公淫蔡，蔡殺公。	陳莊公林元年 桓公子。	二
	十六	十七
	三	四
公突元年	二	三 諸侯伐我，報宋故。
	十二	十三

		697	696
		甲申	
周		二十三	莊王元年生子穨。
魯		十五 天王求車，非禮。	十六 公會(晉)〔曹，〕
齊		齊襄公諸兒元年貶毋知秩服，毋知怨。	二
晉		十	十一
秦	公。	秦武公元年伐彭，至華山。	二
楚		四十四	四十五
宋		十四	十五
衛		三 朔奔齊，立黔牟。	衛黔牟元年
陳		三	四
蔡		十八	十九
曹		五	六
鄭		四 祭仲立忽，公出居櫟。	鄭昭公忽元年忽母
燕		燕桓(公)〔侯〕元年	二
吳			

694	695	
三	二 有（兄）弟〔克。〕	
十八 公與夫人如齊，齊侯通。	十七 日食，不書日，官失之。	謀伐鄭。
四 殺魯桓公，誅彭生。	三	
十三	十二	
四	三	
四十七	四十六	
十七	十六	
三	二	
六	五	
蔡哀侯獻舞元年	二十	
八	七	
鄭子亹元年。齊殺子亹，昭	二 渠彌殺昭公。	鄧女，祭仲取之。
四	三	

		693
周		四 周公欲殺王而立子克，王誅周公，克奔燕。
魯	焉，使彭生殺公於車上。	魯莊公同元年
齊		五
晉		十四
秦		五
楚		四十八
宋		十八
衛		四
陳		七
蔡		二
曹		九
鄭	公弟。	鄭子嬰元年子亹之弟。
燕		五
吳		

692	691	690
五	六	七
二	三	四
六	七	八　伐紀，去其都邑。
十五	十六	十七
六	七	八
四十九	五十	五十一　王伐隨，告夫人心動，
十九	宋湣公捷元年	二
五	六	七
陳宣公杵臼元年。杵臼，莊公弟。	二	三
三	四	五
十	十一	十二
二	三	四
六	七	燕莊公元年

	688	689	
周	九	八	
魯	六	五 與齊伐衛，納惠公。	
齊	十	九	
晉	十九	十八	
秦	十	九	
楚	二 伐申，過鄧，鄧甥曰楚可取	楚文王貲元年，始都郢。	王卒軍中。
宋	四	三	
衛	九	八	
陳	五	四	
蔡	七	六	
曹	十四	十三	
鄭	六	五	
燕	三	二	
吳			

	687	686
	甲午	
	十	十一
	七 星隕如雨，與雨偕。	八 子糾來奔，與管仲俱避毋知
	十一	十二 毋知殺君自立。
	二十	二十一
	十一	十二
，鄭侯不許。	三	四
	五	六
	十 齊立惠公，黔牟奔周。	衞惠公朔復入。十四年
	六	七
	八	九
	十五	十六
	七	八
	四	五

	684	685	
周	十三	十二	
魯	十 齊伐	九 魯欲與糾入，後小白，齊距魯，使生致管仲。	亂。
齊	二	齊桓公小白元年春，齊殺毋知。	
晉	二十三	二十二	
秦	十四	十三	
楚	六 息夫	五	
宋	八	七	
衛	十六	十五	
陳	九	八	
蔡	十一 楚虜	十	
曹	十八	十七	
鄭	十	九	
燕	七	六	
吳			

	十四	
我，爲糾故。	十一	臧文仲弔宋水。
	三	
	二十四	
	十五	
人，陳女，過蔡，蔡不禮，惡之。楚伐蔡，獲哀侯以歸。	七	
	九	宋大水，公自罪。魯使
	十七	
	十	
我侯。	十二	
	十九	
	十一	
	八	

	680	681	682	
周	二	釐王元年	十五	
魯	十四	十三 曹沫劫桓公。反所亡地。	十二	
齊	六	五 與魯人會柯。	四	
晉	二十七	二十六	二十五	
秦	十八	十七	十六	
楚	十	九	八	
宋	二	宋桓公御說元年。莊公子。	十 萬殺君，仇牧有義。	臧文仲來弔。
衞	二十	十九	十八	
陳	十三	十二	十一	
蔡	十五	十四	十三	
曹	二十二	二十一	二十	
鄭	十四	十三	十二	
燕	十一	十	九	
吳				

三		四	
十五		十六	
七	始霸，會諸侯于鄄。	八	
二十八	曲沃武公滅晉侯緡，以寶獻周，周命武公爲晉君，并其地。		晉武公稱并晉
十九		二十	葬雍，初
十一		十二	伐鄧，滅
三		四	
二十一		二十二	
十四		十五	
十六		十七	
二十三		二十四	
鄭厲公元年	厲公亡後十七歲復入。	二	諸侯伐我
十二		十三	

	甲辰	
周	五	
魯	十七	
齊	九	
晉	三十九 武公卒，子詭諸立，為獻公。	，已立三十八年，不更元，因其元年。
秦	秦德公元年。武公弟。	以人從死。
楚	十三	之。
宋	五	
衛	二十三	
陳	十六	
蔡	十八	
曹	二十五	
鄭	三	
燕	十四	
吳		

惠王元年取陳后。

十八

十

晉獻公詭諸元年

二 初作伏，祠社，磔狗邑四門。

楚堵敖囏 集解徐廣曰：「一作『動』。」 索隱楚杜敖囏。音艱。系家作「莊敖」，劉音壯，此作「杜敖」。劉氏云亦作「堵」。堵、杜

六

二十四

十七

十九

二十六

四

十五

	674	675	
周	三	二 燕、衛伐王，王奔溫，立子頹。	
魯	二十	十九	
齊	十二	十一	
晉	三	二	
秦	二	秦宣公元年	
楚	三	二	聲相近，與系家乖，不詳其由也。元年
宋	八	七 取衛女。文公弟。	
衛	二十六	二十五	
陳	十九	十八	
蔡	蔡穆侯肸	二十	
曹	二十八	二十七	
鄭	六	五	
燕	十七 鄭執	十六 伐王，王奔溫，立子頹。	
吳			

	673	672
	四 誅穨，入惠王。	五 太子母早死。惠后生叔帶。
	二十一	二十二
	十三	十四 陳完自陳來奔，田常始此也。正義齊桓公
	四	五 伐驪戎，得姬。
	三	四 作密時。
	四	五 弟惲殺堵敖自立。
	九	十
	二十七	二十八
	二十	二十一 厲公子完奔齊。
元年	二	三
	二十九	三十
	七 救周亂，入王。	鄭文公捷元年
我仲父。	十八	十九

	669	670	671	
周	八	七	六	
魯	二十五	二十四	二十三 公如齊觀社。	
齊	十七	十六	十五	十四年，陳宣公二十一年，周惠王之五年。
晉	八	七	六	
秦	七	六	五	
楚	三	二	楚成王惲元年	
宋	十三	十二	十一	
衛	三十一	三十	二十九	
陳	二十四	二十三	二十二	
蔡	六	五	四	
曹	二	曹釐公夷元年	三十一	
鄭	四	三	二	
燕	二十二	二十一	二十	
吳				

665	666	667	668	
		甲寅		
十二	十一	十 賜齊侯命。	九	
二十九	二十八	二十七	二十六	
二十一	二十	十九	十八	
十二 太子	十一	十	九 始城絳都。	盡殺故晉侯羣公子。
十一	十	九	八	
七	六	五	四	
十七	十六	十五	十四	
四	三	二	衞懿公赤元年	
二十八	二十七	二十六	二十五	
十	九	八	七	
六	五	四	三	
八	七	六	五	
二十六	二十五	二十四	二十三	

		664	663
周		十三	十四
魯		三十	三十一
齊		二十二	二十三　伐山戎，為燕。
晉	申生居曲沃，重耳居蒲城，夷吾居屈。驪姬故。	十三	十四
秦		十二	秦成公元年
楚		八	九
宋		十八	十九
衞		五	六
陳		二十九	三十
蔡		十一	十二
曹		七	八
鄭		九	十
燕		二十七	二十八
吳			

	662	661
	十五	十六
	三十二 莊公弟叔牙鴆死。（慶父弒子般。）季友奔陳，立湣公。	魯湣
也。	二十四	二十五
	十五	十六
	二	三
	十	十一
	二十	二十一
	七	八
	三十一	三十二
	十三	十四
	九	曹昭
	十一	十二
	二十九	三十

周	十七	
魯	二 慶父	公開元年
齊	二十六	
晉	十七 申生	（伐）（滅）魏、（取）（耿、）霍。始封趙夙耿，畢萬魏，始此。
秦	四	
楚	十二	
宋	二十二	
衛	翟伐我。	
陳	三十三	
蔡	十五	
曹	二	公元年
鄭	十三	
燕	三十一	
吳		

十八	
魯釐	殺湣公。季友自陳立申，為釐公。殺慶父。
二十七	
十八	將軍，君子知其廢。
秦穆	
十三	
二十三	
衞文	公好鶴，士不戰，滅我國。國怨，惠公亂，滅其後，更立黔牟弟。衞戴公元年
三十四	
十六	
三	
十四	
三十二	

周	十九	
魯	二	公申元年哀姜喪自齊至。
齊	二十八 爲衞築楚丘。救戎、狄伐。	殺女弟魯莊公夫人，淫故。
晉	十九 荀息以幣假道于虞以伐虢，滅下陽。	
秦	二	公任好元年
楚	十四	
宋	二十四	
衞	二 齊桓公率諸侯爲我城楚丘。	公燬元年戴公弟也。
陳	三十五	
蔡	十七	
曹	四	
鄭	十五	
燕	三十三	
吳		

657	656
甲子	
二十	二十一
三	四
二十九 與蔡姬共舟，蕩公，公怒，歸蔡姬。	三十 率諸侯伐蔡，蔡潰，遂伐楚，責
二十	二十一 申生以驪姬讒自殺。重耳奔蒲，
三	四 迎婦于晉。
十五	十六 齊伐我，至陘，使屈完盟。
二十五	二十六
三	四
三十六	三十七
十八 以女故，齊伐我。	十九
五	六
十六	十七
燕襄公元年	二

		655	654
周		二十二	二十三
魯		五	六
齊	包茅貢。	三十一	三十二 率諸侯伐鄭。
晉	夷吾奔屈。	二十二 滅虞、虢。重耳奔狄。	二十三 夷吾奔梁。
秦		五	六
楚		十七	十八 伐許，許君肉袒謝，楚從之。
宋		二十七	二十八
衛		五	六
陳		三十八	三十九
蔡		二十	二十一
曹		七	八
鄭		十八	十九
燕		三	四
吳			

653	652	651
二十四	二十五 襄王立，畏太叔。集解徐廣曰：「皇甫謐云二十四年惠王崩。」	襄王元年諸侯立王。
七	八	九 齊率我伐晉亂，
三十三	三十四	三十五 夏，會諸侯于葵
二十四	二十五 伐翟，以重耳故。	二十六 公卒，立奚齊，里
七	八	九 夷吾使郤芮賂，
十九	二十	二十一
二十九	三十 公疾，太子茲父讓兄目夷賢，公不聽。	三十一 公薨，未葬，齊桓
七	八	九
四十	四十一	四十二
二十二	二十三	二十四
九	曹共公元年	二
二十	二十一	二十二
五	六	七

	650	
周	二	
魯	十	至高梁還。
齊	三十六 使隰朋立晉惠公。	丘。天子使宰孔賜胙，命無拜。
晉	晉惠公夷吾元年 誅里克，倍秦約。	克殺之。及卓子。立夷吾。
秦	十 丕鄭子豹亡來。	求入。
楚	二十二	
宋	十 宋襄公茲父元年 目夷相。	會葵丘。
衛	十	
陳	四十三	
蔡	二十五	
曹	三	
鄭	二十三	
燕	八	
吳		

648	649
四	三　戎伐我，太叔帶召之。欲誅叔帶，叔帶奔齊。
十二	十一
三十八　使管仲平戎于周，欲以	三十七
三	二
十二	十一　救王伐戎，戎去。
二十四	二十三　伐黃。
三	二
十二	十一
四十五	四十四
二十七	二十六
五	四
二十五	二十四　有妾夢天與之蘭，生穆公蘭。
十	九

		647 甲戌
周		五
魯		十三
齊	上卿禮，讓，受下卿。	三十九 使仲孫請王，言叔帶，王怒。
晉		四 饑，請粟，秦與我。
秦		十三 丕豹欲無與，公不聽，輸晉粟，起雍至絳。
楚		二十五
宋		四
衛		十三
陳		陳穆公款元年
蔡		二十八
曹		六
鄭		二十六
燕		十一
吳		

646	645	644
六	七	八
十四	十五　五月，日有食之。不書，史官失之。	十六
四十	四十一	四十二　王以
五　秦饑，請粟，晉倍之。	六　秦虜惠公，復立之。	七　重耳
十四	十五　以盜食善馬士得破晉。	十六　爲河
二十六　滅六、英。	二十七	二十八
五	六	七　隕五
十四	十五	十六
二	三	四
二十九	蔡莊侯甲午元年	二
七	八	九
二十七	二十八	二十九
十二	十三	十四

	641	642	643	
周	十一	十	九	
魯	十九	十八	十七	
齊	二	齊孝公昭元年	四十三	戎寇告齊，齊徵諸侯戍周。
晉	十	九	八	聞管仲死，去翟之齊。
秦	十九 滅梁。梁好	十八	十七	東置官司。
楚	三十一	三十	二十九	
宋	十	九	八	石。六鷁退飛，過我都。
衞	十九	十八	十七	
陳	七	六	五	
蔡	五	四	三	
曹	十二	十一	十	
鄭	三十二	三十一	三十	
燕	十七	十六	十五	
吳				

639	640	
十三	十二	
二十一	二十	
四	三	
十二	十一	
二十一	二十	城，索隱上去聲。不居，民罷，索隱音皮。相驚，故亡。
三十三　執宋襄公，復歸之。	三十二	
十二　召楚盟。	十一	
二十一	二十	
九	八	
七	六	
十四	十三	
三十四	三十三	
十九	十八	

	638	637 甲申
周	十四 叔帶復歸於周。	十五
魯	二十二	二十三
齊	五 歸王弟帶。	六
晉	十三 太子圉質〔索隱〕晉惠公夷吾之子也。圉音禦。質音致，又如字也。秦，亡歸。	十四
秦	二十二	二十三
楚	三十四	三十五
宋	十三 泓之戰，楚敗公。〔索隱〕穀梁傳戰於泓水之上。系家云十三年宋師大敗，公傷股。	十四
衛	二十二	二十三
陳	十	十一
蔡	八	九
曹	十五	十六
鄭	三十五 君如楚，宋伐我。	三十六
燕	二十	二十一
吳		

	十六王奔氾。索隱似凡兩音。氾，鄭地。
	二十四
伐宋，以其不同盟。	七
圉立，爲懷公。	晉文公元年。誅子圉。魏武子爲魏大
迎重耳於楚，厚禮之，妻之女。重耳願歸。	二十四以兵送重耳。
重耳過，厚禮之。	三十六
公疾死泓戰。	宋成公王臣元年
重耳從齊過，無禮。	二十四
	十二
	十
重耳過，無禮，僖負羈私善。	十七
重耳過，無禮，叔詹諫。	三十七
	二十二

		635
周	也。	十七 晉納王。
魯		二十五
齊		八
晉	夫，趙衰爲原大夫。咎犯曰：「求覇莫如內王。」	二
秦		二十五 欲內王，軍河上。
楚		三十七
宋		二
衛		二十五
陳		十三
蔡		十一
曹		十八
鄭		三十八
燕		二十三
吳		

634	633
十八	十九
二十六	二十七
九	十　孝公薨，弟潘因衞公子開方殺孝公子，立潘。
三　宋服。	四　救宋，報曹、衞恥。
二十六	二十七
三十八	三十九　使子玉伐宋。
三　倍楚親晉。	四　楚伐我，我告急於晉。
衞成公鄭元年	二
十四	十五
十二	十三
十九	二十
三十九	四十
二十四	二十五

周	二十	王狩河陽。
魯	二十八	公如踐土會朝。
齊	齊昭公潘元年	會晉敗楚，朝周王。
晉	五	侵曹伐衞，取五鹿，執曹伯。諸侯敗楚而朝河陽，周命賜公土地。
秦	二十八	會晉伐楚朝周。
楚	四十	晉敗子玉于城濮。
宋	五	晉救我，楚兵去。
衞	三	晉伐我，取五鹿。公出奔，立（公子瑕）（叔武。〕會晉朝，復歸（晉）
陳	十六	會晉伐楚，朝周王。
蔡	十四	會晉伐楚，朝周王。
曹	二十一	晉伐我，執公，復歸之。
鄭	四十一	
燕	二十六	
吳		

629	630	631	
二十三	二十二	二十一	
三十一	三十	二十九	
四	三	二	
八	七 聽周歸衞成公。與秦圍鄭。	六	
三十一	三十 圍鄭，有言即去。	二十九	
四十三	四十二	四十一	
八	七	六	
六	五 周入成公，復衞。	四 晉以衞與宋。	（衞）。
三	二	陳共公朔元年	
十七	十六	十五	
二十四	二十三	二十二	
四十四	四十三 秦、晉圍我，以晉故。	四十二	
二十九	二十八	二十七	

	628	627 甲午
周	二十四	二十五
魯	三十二	三十三 僖公薨。
齊	五	六 狄侵我。
晉	九 文公薨。	晉襄公驩元年破秦于殽。
秦	三十二 將襲鄭，蹇叔曰不可。	三十三 襲鄭，晉敗我殽。
楚	四十四	四十五
宋	九	十
衛	七	八
陳	四	五
蔡	十八	十九
曹	二十五	二十六
鄭	四十五 文公薨。	鄭穆公蘭元年秦襲我，弦高詐之。
燕	三十	三十一
吳		

二十六	
魯文公興元年	
七	
二	伐衞，衞伐我。
三十四	敗殽將亡歸，公復其官。
四十六	王欲殺太子立職，太子恐，與傅潘崇殺王。王欲食熊蹯死，不聽。自立爲王。
十一	
九	晉伐我，我伐晉。
六	
二十	
二十七	
二	
三十二	

	624	625
周	二十八	二十七
魯	三 公如晉。	二
齊	九	八
晉	四 秦伐我，取王官，	三 秦報我殽，敗于汪。
秦	三十六 以孟明等伐晉，晉	三十五 伐晉報殽，敗我于汪。
楚	二 晉伐我。	楚穆王商臣元年 以其太子宅賜崇，爲相。
宋	十三	十二
衛	十一	十
陳	八	七
蔡	二十二	二十一
曹	二十九	二十八
鄭	四	三
燕	三十四	三十三
吳		

622	623	
三十	二十九	
五	四	
十一	十	
六　趙成子、欒貞子、霍伯、臼季皆卒。	五　伐秦，圍邧、索隱阮音。新城。	我不出。
三十八	三十七　晉伐我，圍邧、新城。	不敢出。
四　滅六、蓼。	三　滅江。	
十五	十四	
十三	十二　公如晉。	
十	九	
二十四	二十三	
三十一	三十	
六	五	
三十六	三十五	

	621		
周	三十一		
魯	六		
齊	十二		
晉	七	公卒。	索隱 趙成子名衰。欒貞子名枝。霍伯，先且居也，封之霍。臼季，胥臣也，四大夫皆此年卒。
秦	三十九	繆公	
楚	五		
宋	十六		
衛	十四		
陳	十一		
蔡	二十五		
曹	三十二		
鄭	七		
燕	三十七		
吳			

	620
	三十二
	七
	十三
趙盾為太子少，欲更立君，恐誅，遂紀太子為靈公。	晉靈公夷皐　索隱　晉靈公
薨。葬殉以人，從死者百七十人，君子譏之，故不言卒。	秦康公罃　索隱　音乙耕反。
	六
	十七　公孫固殺成公。
	十五
	十二
	二十六
	三十三
	八
	三十八

		619
周		三十三 襄王崩。
魯		八 王使衞來求金以葬，非
齊		十四
晉	蝪。音亦。系家及左傳名夷皋，此蓋誤也。元年趙盾專政。	二 秦伐我，取武城，報令
秦	元年	二
楚		七
宋		宋昭公杵臼元年 襄公之子。
衛		十六
陳		十三
蔡		二十七
曹		三十四
鄭		九
燕		三十九
吳		

禮。

狐之戰。

集解徐廣曰：「一云成公少子。」索隱宋昭公杵臼，襄公少子，非也。案：徐廣云「一曰成公大子，」與系家同，是也。

	618	617
		甲辰
周	頃王元年	二
魯	九	十
齊	十五	十六
晉	三 率諸侯救鄭。	四 伐秦，拔少梁。秦取我北徵。索隱音澄，蓋今之澄城也。
秦	三	四 晉伐我，取少梁。我伐晉，取北徵。
楚	八 伐鄭，以其服晉。	九
宋	二	三
衛	十七	十八
陳	十四	十五
蔡	二十八	二十九
曹	三十五	曹文公壽元年
鄭	十 楚伐我。	十一
燕	四十	燕桓公元年
吳		

616	615
三	四
十一　敗長翟于鹹而歸，得長翟。	十二
十七	十八
五	六　秦取我羈馬。與秦戰河曲，秦師遁。
五	六　伐晉，取羈馬。怒，與我大戰河曲。
十	十一
四　敗長翟長丘。	五
十九	二十
十六	十七
三十	三十一
二	三
十二	十三
二	三

	614	613
周	五	六 頃王崩。公卿爭政，故不赴。
魯	十三	十四 彗星入北斗，周史曰「十年，宋、齊、晉君死。」
齊	十九	二十 昭公卒。弟商人殺太子自立，是爲懿公。
晉	七 得隨會。	八 趙盾以車八百乘納捷菑，平王室。
秦	七 晉詐得隨會。	八
楚	十二	楚莊王侶元年
宋	六	七
衞	二十一	二十二
陳	十八	陳靈公平國元年
蔡	三十二	三十三
曹	四	五
鄭	十四	十五
燕	四	五
吳		

612	611
匡王元年	二
十五　六月辛丑，日蝕，齊伐我。	十六
齊懿公商人元年	二　不得民心。
九　我入蔡。	十
九	十
二	三　滅庸。
八	九　襄夫人使衞伯殺昭公。弟鮑立。
二十三	二十四
二	三
三十四　晉伐我。莊侯薨。	蔡文侯申元年
六　齊入我郛。	七
十六	十七
六	七

	610	609
周	三	四
魯	十七　齊伐我。	十八　襄仲殺嫡，立庶子爲宣
齊	三　伐魯。	四　公刖邴歜父而奪閻職妻
晉	十一　率諸侯平宋。	十二
秦	十一	十二
楚	四	五
宋	宋文公鮑元年。昭公弟。晉率諸侯平我。	二
衛	二十五	二十六
陳	四	五
蔡	二	三
曹	八	九
鄭	十八	十九
燕	八	九
吳		

五	
魯宣公俀元年。魯立宣公，不正，公室卑。	公。
齊惠公元年。取魯濟西之田。	，二人共殺公，立桓公子惠公。
十三趙盾救陳、宋，伐鄭。	
秦共公和元年	
六伐宋、陳，以倍我服晉故。	
三楚、鄭伐我，以我倍楚故也。	
二十七	
六	
四	
十	
二十與楚侵陳，遂侵宋，晉使趙盾伐我，	
十	

	甲寅	
周	六 匡王崩。	
魯	二	
齊	二 王子成父敗長翟。	
晉	十四 趙穿殺靈公，趙盾使穿迎公子黑臀于周，立之。	
秦	二	
楚	七	
宋	四 華元以羊羹故陷於鄭。	
衛	二十八	
陳	七	
蔡	五	
曹	十一	
鄭	二十一 與宋師戰，獲華元。	以倍晉故。
燕	十一	
吳		

	606	605
	定王元年	二
	三	四
	三	四
趙氏賜公族。	晉成公黑臀元年伐鄭。	二
	三	四
	八　伐陸渾，至雒，問鼎輕重。	九　若敖氏為亂，滅之。伐
	五　贖華元，亡歸。圍曹。	六
	二十九	三十
	八	九
	六	七
	十二　宋圍我。	十三
	二十二　華元亡歸。	鄭靈公夷元年公子歸生
	十二	十三

	604	
周	三	
魯	五	
齊	五	
晉	三 中行桓子荀林父救鄭，伐陳。	
秦	五	
楚	十	鄭。
宋	七	
衛	三十一	
陳	十 楚伐鄭，與我平。晉中行桓子距楚，救鄭，伐我。	
蔡	八	
曹	十四	
鄭	鄭襄公堅元年靈公庶弟。楚伐我，晉來救。	以黿故殺靈公。
燕	十四	
吳		

603	602	601
四	五	六
六	七	八　七月，日蝕。
六	七	八
四　與衞侵陳。	五	六　與魯伐秦，獲秦諜，殺之絳市，六日而蘇。
秦桓公元年	二	三　晉伐我，獲諜。
十一	十二	十三　伐陳，滅舒、蓼。
八	九	十
三十二　與晉侵陳。	三十三	三十四
十一　晉、衞侵我。	十二	十三　楚伐我。
九	十	十一
十五	十六	十七
二	三	四
十五	十六	燕宣公元年

	600	599
周	七	八
魯	九	十 四月，日蝕。
齊	九	十 公卒。崔杼有
晉	七 使桓子伐楚。以諸侯師伐陳救鄭。成公薨。	晉景公據元年與宋
秦	四	五
楚	十四 伐鄭，晉郤缺救鄭，敗我。	十五
宋	十一	十二
衞	三十五	衞穆公遬元年 齊
陳	十四	十五 夏徵舒以其母
蔡	十二	十三
曹	十八	十九
鄭	五 楚伐我，晉來救，敗楚師。	六 晉、宋、楚伐
燕	二	三
吳		

	九
	十二
寵，高、國逐之，奔衛。	齊頃公無野元年
伐鄭。	二
	六
	十六　率諸侯誅陳夏徵舒，立陳靈公子午。
	十三
（高國）（崔杼）來奔。	二
辱，殺靈公。	陳成公午元年。靈公太子。
	十四
	二十
我。	七
	四

	597 甲子	596	595
周	十	十一	十二
魯	十二	十三	十四
齊	二	三	四
晉	三 救鄭，爲楚所敗河上。	四	五 伐鄭。
秦	七	八	九
楚	十七 圍鄭，鄭伯肉袒謝，釋之。	十八	十九 圍宋，爲殺使者。
宋	十四 伐陳。	十五	十六 殺楚使者，楚圍我。
衛	三	四	五
陳	二	三	四
蔡	十五	十六	十七
曹	二十一	二十二	二十三 文公薨。
鄭	八 楚圍我，我卑辭以解。	九	十 晉伐我。
燕	五	六	七
吳			

594	593	592
十三	十四	十五
十五　初稅畝。	十六	十七　日蝕。
五	六	七　晉使郤克
六　救宋，執解揚，有節使。秦伐我。	七　隨會滅赤翟。	八　使郤克使
十	十一	十二
二十　圍宋。五月，華元告子反以誠，楚罷。	二十一	二十二
十七　華元告楚，楚去。	十八	十九
六	七	八
五	六	七
十八	十九	二十　文侯薨。
曹宣公廬元年	二	三
十一　佐楚伐宋，執解揚。	十二	十三
八	九	十

	590	591	
周	十七	十六	
魯	魯成公黑	十八 宣公薨。	
齊	九	八 晉伐敗我。	來齊，婦人笑之，克怒，歸去。
晉	十	九 伐齊，質子彊，兵罷。	齊，婦人笑之，克怒歸。
秦	十四	十三	
楚	楚共王審	二十三 莊王薨。	
宋	二十一	二十	
衛	十	九	
陳	九	八	
蔡	二	蔡景侯固元年	
曹	五	四	
鄭	十五	十四	
燕	十二	十一	
吳			

	十八
肱元年，春，齊取我隆。	二　與晉伐齊，齊歸我汶陽，竊與楚盟。
	十　晉郤克敗公於鞌，虜逢丑父。
	十一　與魯、曹敗齊。
	十五
元年	二　秋，申公巫臣竊徵舒母奔晉，以為邢大夫。多，伐
	二十二
	十一　穆公薨。與諸侯敗齊，反侵地。楚伐我。
	十
	三
	六
	十六
	十三

		588	587
			甲戌
周		十九	二十
魯		三 會晉、宋、衞、曹伐鄭。	四 公如晉，晉不敬。
齊		十一 頃公如晉，欲王晉，晉不敢受。	十二
晉		十二 始置六卿。率諸侯伐鄭。	十三 魯公來，不敬。
秦		十六	十七
楚	衞、魯，救齊。	三	四 子反救鄭。
宋		宋共公瑕元年	二
衞		衞定公臧元年	二
陳		十一	十二
蔡		四	五
曹		七 伐鄭。	八
鄭		十七 晉率諸侯伐我。	十八 晉欒書取我氾。
燕		十四	十五
吳			

585	586	
簡王元年	二十一 定王崩。	
六	五	公欲倍晉合於楚。
十四	十三	
十五 使欒書救。	十四 梁山崩。伯宗隱其人而用其言。	
十九	十八	
六	五 伐鄭，倍我故也。鄭悼公來訟。	
四	三	
四	三	
十四	十三	
七 晉侵我。	六	
十	九	
二 悼公薨。	鄭悼公費元年。公如楚訟。	索隱 取氾。音凡 襄公薨。
二	燕昭公元年	
吳壽夢元年		

周		二
魯		七
齊		十五
晉	鄭，遂侵蔡。	十六 以巫臣始通於吳而謀楚。
秦		二十
楚		七 伐鄭。
宋		五
衛		五
陳		十五
蔡		八
曹		十一
鄭	楚伐我，晉使欒書來救。	鄭成公睔 索隱 古困反。元年悼公弟也。楚伐我。
燕		三
吳		二 巫臣來，謀伐楚。

581	582	583
五	四	三
十 公如晉送	九	八
齊靈公環元年	十七 頃公薨。	十六
十九	十八 執鄭成公，伐鄭。秦伐我。	十七 復趙武田邑。侵蔡。
二十三	二十二 伐晉。	二十一
十	九 救鄭。冬，與晉成。	八
八	七	六
八	七	六
十八	十七	十六
十一	十	九 晉伐我。
十四	十三	十二
四 晉率諸侯	三 與楚盟。公如晉，執公，伐我。	二
六	五	四
五	四	三

		580	579	578
周		六	七	八
魯	葬，諱之。	十一	十二	十三會晉伐秦。
齊		二	三	四伐秦。
晉		晉厲公壽曼元年	二	三伐秦至涇，敗
秦		二十四與晉侯夾河盟，歸，倍盟。	二十五	二十六晉率諸侯伐我。
楚		十一	十二	十三
宋		九	十	十一晉率我伐秦。
衛		九	十	十一
陳		十九	二十	二十一
蔡		十二	十三	十四
曹		十五	十六	十七晉率我伐秦。
鄭	伐我。	五	六	七（晉率我）伐秦
燕		七	八	九
吳		六	七	八

	577	576
	甲申	
	九	十
	十四	十五 始與吳通，會鍾離。
	五	六
之，獲其將成差。	四	五 三郤讒伯宗，殺之，伯宗好直諫。
	二十七	秦景公元年
	十四	十五 許畏鄭，請徙葉。
	十二	十三 （宋）華元奔晉，復還。
	十一 定公薨。	衞獻公衎元年
	二十二	二十三
	十五	十六
	曹成公負芻元年	二 晉執我公以歸。
	八	九
	十	十一
	九	十 與魯會鍾離。

	573	574	575
周	十三	十二	十一
魯	十八	十七	十六 宣伯告晉，欲殺季文子，文子得以義脫。
齊	九	八	七
晉	八	七	六 敗楚鄢陵。
秦	四	三	二
楚	十八	十七	十六 救鄭，不利。子反醉，軍敗，殺子反歸。
宋	三	二	宋平公成元年
衛	四	三	二
陳	二十六	二十五	二十四
蔡	十九	十八	十七
曹	五	四	三
鄭	十二	十一	十 倍晉盟楚，晉伐我，楚來救。
燕	燕武	十三 昭公薨。	十二
吳	十三	十二	十一

	十四　簡王崩。
成公薨。	魯襄公午元年　圍宋彭城。
	十　（我不救鄭）晉伐我，使太
欒書、中行偃殺厲公，立襄公（曾孫），爲悼公。	晉悼公元年　圍宋彭城。
	五
爲魚石伐宋彭城。	十九　侵宋，救鄭。
楚伐彭城，封魚石。	四　楚侵我，取犬丘。晉誅魚石
	五　圍宋彭城。
	二十七
	二十
	六
與楚伐宋。	十三　晉伐敗我，兵次洧上，楚來
公元年	二
	十四

		571	570
周		靈王元年。生有髭。	二
魯		二 會晉城虎牢。	三
齊	子光質於晉。	十一	十二（伐吳）
晉		二 率諸侯伐鄭，城虎牢。	三 魏絳辱楊干。
秦		六	七
楚		二十	二十一 使子重伐吳，至衡
宋	，歸我彭城。	五	六
衛		六	七
陳		二十八	二十九 倍楚盟，楚侵我。
蔡		二十一	二十二
曹		七	八
鄭	救。	十四 成公薨。晉率諸侯伐我。	鄭釐公惲元年
燕		三	四
吳		十五	十六 楚伐我。

567	568	569	
甲午			
五	四	三	
六	五　季文子卒。	四　公如晉。	
十五	十四	十三	
六	五	四　魏絳說和戎、狄，狄朝晉。	
十	九	八	
二十四	二十三　伐陳。	二十二　伐陳。	山。使何忌侵陳。
九	八	七	
十	九	八	
二	陳哀公弱元年	三十　楚伐我。成公薨。	
二十五	二十四	二十三	
十一	十	九	
四	三	二	
七	六	五	
十九	十八	十七	

	566	565
周	六	七
魯	七	八 公如晉。
齊	十六	十七
晉	七	八
秦	十一	十二
楚	二十五 圍陳。	二十六 伐鄭。
宋	十	十一
衛	十一	十二
陳	三 楚圍我，爲公亡歸。	四
蔡	二十六	二十七 鄭侵我。
曹	十二	十三
鄭	五 子駟使賊夜殺釐公，詐以病卒赴諸侯。	鄭簡公(喜)〔嘉〕元年
燕	八	九
吳	二十	二十一

563	564	
九 王叔奔晉。	八	
十 楚、鄭侵	九 與晉伐鄭，會河上，問公年十二，可冠，冠於衞。	
十九 令太子光	十八 與晉伐鄭。	
十 率諸侯伐	九 率齊、魯、宋、衞、曹伐鄭。秦伐我。	
十四 晉伐我。	十三 伐晉，楚爲我援。	
二十八 使子囊救	二十七 伐鄭，師于武城，爲秦。	
十三 鄭伐我，	十二 晉率我伐鄭。	
十四 救宋。	十三 晉率我伐鄭。師曹鞭公幸妾。	
六	五	
二十九	二十八	
十五	十四 晉率我伐鄭。	
三 晉率諸侯	二 誅子駟。晉率諸侯伐我，我與盟。楚怒，伐我。	釐公子。
十一	十	
二十三	二十二	

	562	
周	十	
魯	十一 三桓分爲三軍，各將軍。	我西鄙。
齊	二十	高厚會諸侯鍾離。
晉	十一 率諸侯伐鄭，秦敗我櫟。公曰「	鄭。荀罃伐秦。
秦	十五 我使庶長鮑伐晉救鄭，敗之櫟。	
楚	二十九 （鄭晉伐我）	鄭。
宋	十四 楚、鄭伐我。	衞來救。
衞	十五	
陳	七	
蔡	三十	
曹	十六	
鄭	四 與楚伐宋，晉率諸侯伐我，秦來救。	伐我，楚來救。子孔作亂，子產攻之。
燕	十二	
吳	二十四	

	561	560
	十一	十二
	十二　公如晉。	十三
	二十一	二十二
吾用魏絳九合諸侯，」賜之樂。	十二	十三
	十六	十七
	三十	三十一　吳伐我，敗之。共王薨。
	十五	十六
	十六	十七
	八	九
	三十一	三十二
	十七	十八
	五	六
	十三	十四
	二十五　壽夢卒。	吳諸樊元年楚敗我。

	559	558
周	十三	十四
魯	十四 日蝕。	十五 日蝕。齊
齊	二十三 衞獻公來奔。	二十四 伐魯。
晉	十四 率諸侯大夫伐秦，敗棫林。索隱 棫音域。	十五 悼公薨。
秦	十八 晉諸侯大夫伐我，敗棫林。	十九
楚	楚康王昭 索隱 楚康王略。系家名招。 元年 共王太子出奔吳。	二
宋	十七	十八
衞	十八 孫文子攻公，公奔齊，立定公弟狄。	衞殤公狄元年
陳	十	十一
蔡	三十三	三十四
曹	十九	二十
鄭	七	八
燕	十五	十六
吳	二 季子讓位。楚伐我。	三

	557	556
	甲辰	
	十五	十六
伐我。	十六　齊伐我。地震。齊復伐我北鄙。	十七
	二十五　伐魯。	二十六
	晉平公彪元年。(伐)〔我〕敗楚于湛坂。索隱地名也。湛音視林反。	二
	二十	二十一
	三　晉伐我，敗湛坂。	四
	十九	二十
定公弟。	二	三
	十二	十三
	三十五	三十六
	二十一	二十二
	九	十
	十七	十八
	四	五

	553	552
	十九	二十
	二十日蝕。	二十一公如晉。日再蝕。
子牙為太子。光與崔杼殺牙自立。晉、衞伐我。	齊莊公元年	二
	五	六魯襄公來。殺羊舌
	二十四	二十五
	七	八
	二十三	二十四
齊。	六	七
	十六	十七
	三十九	四十
	二	三
	十三	十四
	二	三
	八	九

		555	554
周		十七	十八
魯	齊伐我北鄙。	十八　與晉伐齊。	十九
齊	伐魯。	二十七　晉圍臨淄。晏嬰。大破之。	二十八　廢光，立
晉		三　率魯、宋、鄭、衞圍齊，大破之。	四　與衞伐齊。
秦		二十二	二十三
楚		五　伐鄭。	六
宋	伐陳。	二十一　晉率我伐齊。	二十二
衞	伐曹。	四	五　晉率我伐
陳	宋伐我。	十四	十五
蔡		三十七	三十八
曹	（伐衞）〔衞伐我。〕	二十三　成公薨。	曹武公勝元年
鄭		十一　晉率我圍齊。楚伐我。	十二　子產爲卿。
燕		十九　武公薨。	燕文公元年
吳		六	七

	551	
周	二十一	
魯	二十二 孔子生。	
齊	三 晉欒逞（索隱：欒逞，晉大夫欒盈，此音如字也。）來奔，晏嬰曰「不如歸之。」	
晉	七 欒逞奔齊。	虎。
秦	二十六	
楚	九	
宋	二十五	
衛	八	
陳	十八	
蔡	四十一	
曹	四	
鄭	十五	
燕	四	
吳	十	

550	549
二十二	二十三
二十三	二十四　侵齊。日再蝕。
四　欲遣欒逞入曲沃伐晉，取朝歌。	五　畏晉通楚，晏子謀。
八	九
二十七	二十八
十	十一　與齊通。率陳、蔡伐鄭救齊。
二十六	二十七
九　齊伐我。	十
十九	二十　楚率我伐鄭。
四十二	四十三　楚率我伐鄭。
五	六
十六	十七　（子產曰）范宣子爲政。我請伐陳。
五	六
十一	十二

	547 甲寅	548
周	二十五	二十四
魯	二十六	二十五 齊伐我北鄙，以報孝伯之師。
齊	齊景	六 晉伐我，報朝歌。崔杼以莊公通其妻，殺之，立其弟，爲景公。
晉	十一	十 伐齊至高唐，報太行之役。
秦	三十	二十九 公如晉，盟不結。
楚	十三	十二 吳伐我，以報舟師之役，射殺吳王。
宋	二十九	二十八
衛	十二	十一
陳	二十二	二十一 鄭伐我。
蔡	四十五	四十四
曹	八	七
鄭	十九	十八 伐陳，入陳。
燕	二	燕懿公元年
吳	吳餘	十三 諸樊伐楚，迫巢門，傷射以薨。

	546	545
	二十六	二十七
	二十七 日蝕。	二十八 公如楚。葬康
公杵臼元年 如晉，請歸衛獻公。	二 慶封欲專，誅崔氏，杼自殺。	三 多，鮑、高、
誅衛殤公，復入獻公。	十二	十三
	三十一	三十二
率陳、蔡伐鄭。	十四	十五 康王薨。
	三十	三十一
齊、晉殺殤公，復內獻公。	衛獻公衎後元年	二
楚率我伐鄭。	二十三	二十四
	四十六	四十七
	九	十
楚率陳蔡伐我。	二十	二十一
	三	四 懿公薨。
祭元年	二	三 齊慶封來奔。

周		景王元年
魯	王。	二十九 吳季札來觀周樂，盡知樂所
齊	欒氏謀慶封，封發兵攻慶封，慶封奔吳。	四 吳季札來使，與晏嬰歡。
晉		十四 吳季札來，曰：「晉政卒歸
秦		三十三
楚		楚熊郟敖元年
宋		三十二
衛		三
陳		二十五
蔡		四十八
曹		十一
鄭		二十二 吳季札謂子產曰：「政將歸
燕		燕惠公元年 齊高止來奔。
吳		四 守門閽殺餘祭。季札使諸侯。

	二
爲。	三十
	五
韓、魏、趙。」	十五
	三十四
	二
	三十三
	衞襄公惡元年
	二十六
	四十九　爲太子取楚女，公通焉，殺太子，公自立。
	十二
子，子以禮，幸脫於戹矣。」	二十三　諸公子爭寵相殺，〔又欲殺〕子產，子成止之。
	二
	五

	540	541	542
周	五	四	三
魯	二　公如	魯昭公稠元年　昭公年十九，有童心。	三十一　襄公薨。
齊	八　（齊）	七	六
晉	十八　齊田	十七　秦后子來奔。	十六
秦	三十七	三十六　公弟后子奔晉，車千乘。	三十五
楚	楚靈王圍	四　令尹圍殺郟敖，自立爲靈王。	三　王季父圍爲令尹。
宋	三十六	三十五	三十四
衞	四	三	二
陳	二十九	二十八	二十七
蔡	三	二	蔡靈侯班元年
曹	十五	十四	十三
鄭	二十六	二十五	二十四
燕	五	四	三
吳	八	七	六

	六	
	三	晉，至河，晉謝還之。
晏嬰使晉，見叔向，曰：「齊政歸田氏。」叔向曰：「晉公室	九	田無宇送女。
	十九	無宇來送女。
	三十八	
	二	元年 共王子，肘立。
	三十七	
	五	
	三十	
	四	
	十六	
夏，如晉。多，如楚。	二十七	
公欲殺公卿立幸臣，公卿誅幸臣，公恐，出奔齊。	六	
	九	

	537 子甲	538	
周	八	七	
魯	五	四 稱病不會楚。	
齊	十一	十	卑。」
晉	二十一	二十	
秦	四十	三十九	
楚	四	三 夏，合諸侯宋地，盟。伐吳朱方，誅慶封。冬，報我，取三城。	
宋	三十九	三十八	
衛	七	六 稱病不會楚。	
陳	三十二	三十一	
蔡	六	五	
曹	十八	十七 稱病不會楚。	
鄭	二十九	二十八 子產曰：「三國不會。」	
燕	八	七	
吳	十一	十 楚誅慶封。	

	536	535
	九	十
	六	七　季武子卒。日蝕。
	十二　公如晉，請伐燕，入其君。	十三　入燕君。
秦后子歸秦。	二十二　齊景公來，請伐燕，入其君。	二十三　入燕君。
公卒。后子自晉歸。	秦哀公元年	二
率諸侯伐吳。	五　伐吳，次乾谿。	六　執芋尹亡人入章華。
	四十	四十一
	八	九　夫人姜氏無子。
	三十三	三十四
	七	八
	十九	二十
	三十	三十一
	九　齊伐我。	燕悼公元年　惠公歸至
楚率諸侯伐我。	十二　楚伐我，次乾谿。	十三

		534	533
周		十一	十二
魯		八 公如楚，楚留之。賀章華臺。	九
齊		十四	十五
晉		二十四	二十五
秦		三	四
楚		七 就章華臺，內亡人實之。滅陳。	八 弟棄疾將兵定陳。
宋		四十二	四十三
衛		衛靈公元年	二
陳		三十五 弟招作亂，哀公自殺。	陳惠公吳元年 哀公孫也
蔡		九	十
曹		二十一	二十二
鄭		三十二	三十三
燕	卒。	二	三
吳		十四	十五

	532	531
	十三	十四
	十（四月日蝕）	十一
	十六	十七
	二十六 春，有星出婺女。（十）〔七〕月，公薨。	晉昭公夷元年
	五	六
	九	十 醉殺蔡侯，使棄疾圍之
	四十四 平公薨。	宋元公佐元年
	三	四
。楚來定我。	二	三
	十一	十二 靈侯如楚，楚殺之，使
	二十三	二十四
	三十四	三十五
	四	五
	十六	十七

周		十五
魯		十二 朝晉至河，晉謝之，歸。
齊		十八 公如晉。
晉		二
秦		七
楚	。棄疾居之，爲蔡侯。	十一 王伐徐以恐吳，次乾谿。民罷於役，怨王。
宋		二
衞		五 公如晉，朝嗣君。
陳		四
蔡	棄疾居之，爲蔡侯。	蔡侯廬元年景侯子。
曹		二十五
鄭		三十六 公如晉。
燕		六
吳		吳餘昧索隱音秣。元年

529	528
十六	十七
十三	十四
十九	二十
三	四
八	九
十二　棄疾作亂自立，靈王自殺。復陳、蔡。	楚平王居元年　共王
三	四
六	七
五　楚平王復陳，立惠公。	六
二　楚平王復我，立景侯子廬。集解徐廣曰：「一本『景侯子虛』。」	三
二十六	二十七
鄭定公寧元年	二
七	燕共公元年
二	三

	527 甲戌	526	
周	十八 后太子卒。	十九	
魯	十五 日蝕。公如晉，晉留之葬，公恥之。	十六	
齊	二十一	二十二	
晉	五	六 公卒。六卿彊。	
秦	十	十一	
楚	二 王爲太子取秦女，好，自取之。	三	子，抱玉。
宋	五	六	
衛	八	九	
陳	七	八	
蔡	四	五	
曹	曹平公須元年	二	
鄭	三	四	
燕	二	三	
吳	四	吳僚元年	

	525	524
	二十	二十一
	十七　五月朔，日蝕。彗星見辰。	十八
	二十三	二十四
，公室卑矣。	晉頃公去疾元年	二
	十二	十三
	四　與吳戰。	五
	七	八　火。
	十	十一　火。
	九	十　火。
	六	七
	三	四　平公薨。
	五　火，欲禳之，子產曰：「不如脩德。」	六　火。
	四	五　共公薨。
	二　與楚戰。	三

	523	522
周	二十二	二十三
魯	十九 地震。	二十 齊景公與晏子狩，入魯問禮。
齊	二十五	二十六 獵魯界，因入魯。
晉	三	四
秦	十四	十五
楚	六	七 誅伍奢、尚，太子建奔宋，伍胥奔吳。
宋	九	十 公毋信詐殺〔諸〕公子。楚太子建來奔，見亂，之鄭。
衛	十二	十三
陳	十一	十二
蔡	八	九 平侯薨。靈侯孫東國殺平侯子而自立。
曹	曹悼公午元年	二
鄭	七	八 楚太子建從宋來奔。
燕	燕平公元年	二
吳	四	五 伍員來奔。

521	520
二十四	二十五
二十一　公如晉，至河，晉謝之，歸。日蝕。	二十二　日蝕。
二十七	二十八
五	六　周室亂，公平亂，立敬王。
十六	十七
八　蔡侯來奔。	九
十一	十二
十四	十五
十三	十四
蔡悼侯東國元年奔楚。	二
三	四
九	十
三	四
六	七

	519	518
周	敬王元年	二
魯	二十三 地震。	二十四 鸜鵒來巢。
齊	二十九	三十
晉	七	八
秦	十八	十九
楚	十 吳伐敗我。	十一 吳卑梁人爭桑，伐取我鍾離。
宋	十三	十四
衛	十六	十七
陳	十五 吳敗我兵，取胡、沈。	十六
蔡	三	蔡昭侯申元年。悼侯弟。
曹	五	六
鄭	十一 楚建作亂，殺之。	十二 公如晉，請內王。
燕	五	六
吳	八 公子光敗楚。	九

517	516
甲申	
三	四
二十五　公欲誅季氏，三桓氏攻公，公出居鄆。索隱 音運。	二十六　齊取我鄆以處公。
三十一	三十二　彗星見。晏子曰：
九	十　知櫟、趙鞅內王於
二十	二十一
十二	十三　欲立子西，子西不
十五	宋景公頭曼　索隱 音萬。
十八	十九
十七	十八
二	三
七	八
十三	十四
七	八
十	十一

	514	515	
周	六	五	
魯	二十八	二十七	
齊	三十四	三十三	「田氏有德於齊，可畏。」
晉	十二	十一	王城。
秦	二十三	二十二	
楚	二	楚昭王珍元年誅無忌以說衆。	肯。秦女子立，爲昭王。
宋	三	二	元年
衛	二十一	二十	
陳	二十	十九	
蔡	五	四	
曹	曹襄	九	
鄭	十六	十五	
燕	十	九	
吳	吳闔	十二 公子光使專諸殺僚，自立。	

	七
公如晉，求入，弗聽，晉處之乾侯。	二十九　公自乾侯如鄆。齊侯曰「主
	三十五
六卿誅公族，分其邑。各使其子爲大夫。	十三
	二十四
	三
	四
	二十二
	二十一
	六
公元年　集解徐廣曰：「一作『聲』。」	二
	鄭獻公蠆元年
	十一
閭元年	二

	511	512	
周	九	八	
魯	三十一	三十	君，」公恥之，復之乾侯。
齊	三十七	三十六	
晉	晉定	十四　頃公薨。	
秦	二十六	二十五	
楚	五	四　吳三公子來奔，封以扞吳。	
宋	六	五	
衞	二十四	二十三	
陳	二十三	二十二	
蔡	八	七	
曹	四	三	
鄭	三	二	
燕	十三	十二	
吳	四	三　三公子奔楚。	

509	510	
十一	十　晉使諸侯爲我築城。	
魯定公宋元年。昭公喪自乾侯至。	三十二　公卒乾侯。	日蝕。
三十九	三十八	
三	二　率諸侯爲周築城。	公午元年
二十八	二十七	
七　囊瓦　索隱囊瓦，楚大夫子常也。子囊	六	吳伐我六、潛。
八	七	
二十六	二十五	
二十五	二十四	
十　朝楚，以裘故留。	九	
曹隱公元年	五　平公弟通殺襄公自立。	
五	四	
十五	十四	
六　楚伐我，迎擊，敗之，取楚	五	伐楚六、潛。

		508	507
			甲午
周		十二	十三
魯	至。	二	三
齊		四十	四十一
晉		四	五
秦		二十九	三十
楚	之孫。伐吳，敗我豫章。蔡侯來朝。	八	九 蔡昭侯留三歲，得裘，故歸。
宋		九	十
衞		二十七	二十八
陳		二十六	二十七
蔡		十一	十二 與子常裘，得歸，如晉，請
曹		二	三
鄭		六	七
燕		十六	十七
吳	之居巢。	七	八

	506	505
	十四 與晉率諸侯侵楚。	十五
	四	五 陽虎執季桓子，與
	四十二	四十三
	六 周與我率諸侯侵楚。	七
	三十一 楚包胥請救。	三十二
	十 吳、蔡伐我，入郢，昭王亡。伍子胥鞭平王墓。	十一 秦救至，吳去，昭
	十一	十二
	二十九 與蔡爭長。	三十
	二十八	陳懷公柳元年
伐楚。	十三 與衞爭長。楚侵我，吳與我伐楚，（入）郢。	十四
	四	曹靖公路元年
	八	九
	十八	十九
	九 與蔡伐楚，入郢。	十

		504	503
周		十六 王子朝之徒作亂故，王奔晉。	十七 劉子迎王，晉
魯	盟，釋之。日蝕。	六	七 齊伐我。
齊		四十四	四十五 侵衛。伐魯。
晉		八	九 入周敬王。
秦		三十三	三十四
楚	王復入。	十二 吳伐我番，楚恐，徙鄀 索隱 都鄀，音若。	十三
宋		十三	十四
衛		三十一	三十二 齊侵我。
陳		二	三
蔡		十五	十六
曹		二	三
鄭		十 魯侵我。	十一
燕		燕簡公元年	二
吳		十一 伐楚，取番。	十二

	502	501
入王。	十八	十九
	八　陽虎欲伐三桓，三桓攻陽虎，虎奔陽關。	九　伐陽虎，虎奔齊。
	四十六　魯伐我。我伐魯。	四十七　囚陽虎，虎奔晉。
	十　伐衞	十一　陽虎來奔。
	十四　子西爲民泣，民亦泣，蔡昭侯恐。	三十六　哀公薨。
	十五	十五
	三十三　晉、魯侵伐我。	十六　陽虎來奔。
	四　公如吳，吳留之，因死吳。	三十四
	十七	陳滑公越元年
	四　靖公薨。	十八
	十二	曹伯陽元年
	三	十三　獻公薨。
	十三　陳懷公來，留之，死於吳。	四
		十四

周	二十
魯	十　公會齊侯於夾谷。索隱 司馬彪郡國志在祝其縣西南。孔子相。齊歸我地。
齊	四十八
晉	十二
秦	秦惠公元年。彗星見。
楚	十六
宋	十七
衞	三十五
陳	二
蔡	十九
曹	二
鄭	鄭聲公勝元年。鄭益弱。
燕	五
吳	十五

499	498
二十一	二十二
十一	十二 齊來歸女
四十九	五十 遺魯女樂。
十三	十四
二 生躁公、索隱音竈，秦惠之子。懷公、簡公。	三
十七	十八
十八	十九
三十六	三十七 伐曹。
三	四
二十	二十一
三 國人有夢衆君子立社宮，謀曹亡，振鐸請待公孫彊，許之。	四 衞伐我。
二	三
六	七
十六	十七

		497	496
		甲辰	
周		二十三	二十四
魯	樂，季桓子受之，孔子行。	十三	十四
齊		五十一	五十二
晉		十五　趙鞅伐范、中行。	十六
秦		四	五
楚		十九	二十
宋		二十	二十一
衞		三十八　孔子來，祿之如魯。	三十九　太子蒯聵出奔。
陳		五	六　孔子來。
蔡		二十二	二十三
曹		五	六　公孫彊好射，
鄭		四	五　子產卒。
燕		八	九
吳		十八	十九　伐越，敗我，

494	495	
二十六	二十五	
魯哀公將元年	十五　定公薨。日蝕。	
五十四　伐晉。	五十三	
十八　趙鞅圍范、中	十七	
七	六	
二十二　率諸侯圍蔡。	二十一　滅胡。以吳敗，我倍之。	
二十三	二十二　鄭伐我。	
四十一　伐晉。	四十	
八　吳伐我。	七	
二十五　楚伐我，以吳	二十四	
八	七	獻鴈，君使爲司城，夢者子行。
七	六　伐宋。	
十一	十	
二　伐越。	吳王夫差元年	傷闔閭指，以死。

周		二十七
魯		二
齊		五十五 輸范、中行氏粟。
晉	行朝歌。齊、衞伐我。	十九 趙鞅圍范、中行，鄭來救，我敗之。
秦		八
楚		二十三
宋		二十四
衞		四十二 靈公薨。蒯聵子輒立。晉納太子蒯聵于戚。
陳		九
蔡	怨故。	二十六 畏楚，私召吳人，乞遷于州來，州來近吳。
曹		九
鄭		八 救范、中行氏，與趙鞅戰於鐵，敗我師。
燕		十二
吳		三

490	491	492
三十	二十九	二十八
五	四	三　地震。
五十八　景公薨。	五十七　乞救，范氏。	五十六
二十二　趙鞅敗范	二十一　趙鞅拔邯鄲、柏人，有之。	二十
秦悼公元年	十　惠公薨。	九
二十六	二十五	二十四
二十七	二十六	二十五　孔子過宋，桓魋惡之。
三　晉伐我，	二	衞出公輒元年
十二	十一	十
蔡成侯朔元年	二十八　大夫共誅昭侯。	二十七
十二	十一	十　宋伐我。
十一	十	九
三	二	燕獻公元年
六	五	四

周		三十一
魯		六
齊	立嬖姬子為太子。	齊晏孺子元年田乞詐立陽生，殺孺子。
晉	、中行，中行奔齊。伐衛。	二十三
秦		二
楚		二十七 救陳，王死城父。
宋		二十八 伐曹。
衛	救范氏故。	四
陳		十三 吳伐我，楚來救。
蔡		二
曹		十三 宋伐我。
鄭		十二
燕		四
吳		七 伐陳。

488	487
	甲寅
三十二	三十三
七　公會吳王于繒。吳徵百牢，季康子使子貢謝之。	八　吳為邾伐我，至城下，
齊悼公陽生元年	二　伐魯，取三邑。
二十四　侵衞。	二十五
三	四
楚惠王章元年	二　子西召建子勝於吳，為
二十九　侵鄭，圍曹。	三十　曹倍我，我滅之。
五　晉侵我。	六
十四	十五
三	四
十四　宋圍我，鄭救我。	十五　宋滅曹，虜伯陽。
十三	十四
五	六
八　魯會我繒。	九　伐魯。

		486	485
周		三十四	三十五
魯	盟而去。齊取我三邑。	九	十與吳伐齊。
齊		三	四吳、魯伐
晉		二十六	二十七使趙鞅伐
秦		五	六
楚	白公。	三伐陳，陳與吳故。	四伐陳。
宋		三十一鄭圍我，敗之于雍丘。	三十二伐鄭。
衛		七	八孔子自陳
陳		十六倍楚，與吳成。	十七
蔡		五	六
曹			
鄭		十五圍宋，敗我師雍丘，伐我。	十六
燕		七	八
吳		十	十一與魯伐齊

	三十六
	十一 齊伐我。冄有言，故迎孔子
我。（齊）鮑子殺悼公，齊人立其子壬爲簡公。	齊簡公元年。魯與吳敗我。
齊。	二十八
	七
	五
	三十三
來。	九 孔子歸魯。
	十八
	七
	十七
	九
救陳。索隱捄陳。上音救。誅伍員。	十二 與魯敗齊。

周		三十七
魯	孔子歸。	十二　與吳會橐皋。索隱橐音託。皋音高。縣名，在壽春也。用田賦。
齊		二
晉		二十九
秦		八
楚		六　白公勝數請子西伐鄭，以父怨故。
宋		三十四
衛		十　公如晉，與吳會橐皋。
陳		十九
蔡		八
曹		
鄭		十八　宋伐我。
燕		十
吳		十三　與魯會橐皋。

482	481
三十八	三十九
十三　與吳會黃池。	十四　西狩獲麟。衞出公來奔。
三	四　田常殺簡公，立其弟驁，索隱五高反，平公也。爲平
三十　與吳會黃池，爭長。	三十一
九	十
七　伐陳。	八
三十五　鄭敗我師。	三十六
十一	十二　父蒯聵入，輒出亡。
二十	二十一
九	十
十九　敗宋師。	二十
十一	十二
十四　與晉會黃池。	十五

		480
周		四十
魯		十五 子服景伯使齊，子貢爲介，齊歸我侵地。
齊	公，常相之，專國權。	齊平公驁元年 景公(子)〔孫〕也。齊自是稱田氏。
晉		三十二
秦		十一
楚		九
宋		三十七 熒惑守心，子韋曰「善」。
衞		衞莊公蒯聵元月
陳		二十二
蔡		十一
曹		
鄭		二十一
燕		十三
吳		十六

479	478
四十一	四十二
十六　孔子卒。	十七
二	三
三十三	三十四
十二	十三
十　白公勝殺令尹子西，攻惠王。葉公攻白公，白公自殺。惠王復國。	十一
三十八	三十九
二	三　莊公
二十三　楚滅陳，殺湣公。	
十二	十三
二十二	二十三
十四	十五
十七	十八　越敗

	甲子	
周	四十三 敬王崩。集解徐廣曰：「歲	
魯	十八 二十七卒。	
齊	四 二十五卒。	
晉	三十五 三十七卒。	
秦	十四 卒，子厲（共）公立。	
楚	十二 五十七卒。	
宋	四十 六十四卒。	
衛	衞君起元年石傅逐起索隱	辱戎州人，戎州人與趙簡子攻莊公，出奔。
陳		
蔡	十四 十九卒。	
曹		
鄭	二十四 三十八卒。	
燕	十六 二十八卒。	
吳	十九 二十三卒。索隱二十三年滅。	我。

在甲子。」
石傅逐君起。傅音圃，亦作「尃」，音敷。出，輒復入。

史記卷十五　六國年表第三

（魏、韓、趙、楚、燕、齊，謂之「六國」，幷秦，凡七國，謂之「七雄」。）

太史公讀秦記，至犬戎敗幽王，周東徙洛邑，秦襄公始封爲諸侯，作西畤用事上帝，僭端見矣（一）。禮曰：「天子祭天地，諸侯祭其域內名山大川。」今秦雜戎翟之俗，先暴戾，後仁義，位在藩臣而臚於郊祀，君子懼焉（二）。及文公踰隴，攘夷狄，尊陳寶，營岐雍之閒，而穆公脩政，東竟至河，則與齊桓、晉文中國侯伯侔矣（三）。是後陪臣執政，大夫世祿，六卿擅晉權，征伐會盟，威重於諸侯。及田常殺簡公而相齊國，諸侯晏然弗討，海內爭於戰功矣（四）。三國終之卒分晉，田和亦滅齊而有之，六國之盛自此始（五）。務在彊兵幷敵，謀詐用而從衡短長之說起。矯稱蠭出，誓盟不信，雖置質剖符猶不能約束也（六）。秦始小國僻遠，諸夏賓之，比於戎翟，至獻公之後常雄諸侯（七）。論秦之德義不如魯衞之暴戾者，量秦之兵不如三晉之彊也，然卒并天下，非必險固便形勢力也，蓋若天所助焉（八）。

【註】（一）太史公讀秦朝的歷史記錄，到了犬戎打敗了周幽王，周王被迫向東方遷都於洛陽，秦襄公有擁王之功纔被封爲諸侯，建造西畤（西方之神所住之地）以祭祀上帝，野心自尊（僭）的迹象（端），已經表現出來了。（二）禮經上說：「只有天子纔可以祭天地，諸侯只可以祭其封區內之名山大川。」現今秦國混雜著戎狄的風俗，以暴戾爲先務，而以仁義爲末節，居於藩臣的地位，而竟敢祭祀（臚）天地，這種舉動，使有識之君子都爲之憂懼。（三）到了秦文公，出隴西而東進，掃蕩夷狄，尊祀陳寶（神名，告訴文公有稱霸天下的可能。），經營於岐州雍州之間。到了秦穆公修明政治，東邊的邊境，擴張到黃河，那就與中國內部的齊桓公、晉文公等霸王們並駕齊驅了。（四）從此以後，陪臣們（輔佐之助手）掌握政權，大夫們世襲爵祿。晉國的六卿，把佔了晉國的政權，征伐會盟，他們的威勢，壓倒了一切的諸侯。到了齊國的田常殺其君簡公而自立爲齊國的執政，諸侯們都淡然置之而不加以討伐，於是乎海內就爭著以打仗爲能事了。（五）到了後來，晉國的三強把晉國瓜分了，而齊國的田和也把齊國滅掉了，六國之盛，就從這個時候開始了。（六）他們彼此之間，專以加強本身的兵力併吞敵人的土地爲急務，陰謀詭計，無所不用，而縱橫短長的主張，紛然以起，矯命自稱者，蜂擁而出，山盟海誓，毫不足信，彼此抵押臣子，分剖符契，也毫無約束能力。（七）秦國起初，是一個僻遠的小國，中國內部的諸侯都排斥它，以野蠻的夷狄民族看待它，但是到了獻公

之後，其勢力常雄於諸侯。（八）實際講起來，秦國最有德義的行爲，也不如魯衞最暴戾的行爲之合乎德義；估量秦國的兵力，也不如三晉的強大，然而它終於能夠兼併天下，這不一定就是由於它的地勢險固，而好像是上天幫助它似的。

或曰「東方物所始生，西方物之成孰」。夫作事者必於東南，收功實者常於西北。故禹興於西羌，湯起於亳，周之王也以豐鎬伐殷，秦之帝用雍州興，漢之興自蜀漢（一）

【註】（一）有的人說：「東方是一切事物開始發生之地，而西方乃是一切事物最後成熟之地。」所以發動事物者必由於東南，而收到實際的成果者常在於西北。故而禹王興於西羌，湯王起於亳亭，周朝之王也，由於以豐鎬而伐殷；秦之爲帝也，由於雍州而興起；漢之興也，以蜀漢爲據點。

秦既得意，燒天下詩書，諸侯史記尤甚，爲其有所刺譏也。詩書所以復見者，多藏人家，而史記獨藏周室，以故滅。惜哉，惜哉（一）！獨有秦記，又不載日月，其文略不具。然戰國之權變亦有可頗采者，何必上古。秦取天下多暴，然世異變，成功大（二）。傳曰「法後王」，何也？以其近己而俗變相類，議卑而易行也。學者牽於所聞，見秦在帝位日淺，不察其終始，因舉而笑之，不敢道，此與以耳食無異。悲夫（三）！

【譯】（一）秦國得意之後，就大燒天下詩書，而對於各國諸侯的歷史記錄，燒得更甚，因爲那些資料裏面，有許多話是刺譏著秦國的。至於詩書以後所以能再見者，多數是藏於普通人民的家中，而歷史記錄獨獨藏於周室，所以纔被毀滅了，眞是可惜，眞是可惜啊！（二）惟有秦記保存下來，但是上面又沒有記載日月，其文字又是缺略不全。然而戰國時代順應時代潮流通權達變的辦法，也有很可採用的，何必一定說不是上古的辦法我們就不可以行呢？固然秦國取天下的手段多由於暴力，但是它能夠跟著時代的變化而變化，所以成功很大。（三）經傳上說：「以後王爲法」，爲什麼呢？因爲後王的辦法近於我們所身處的時代而風俗變化大致相同，議論雖然不高而容易實行。但是一般學者都是被自己所學所聞的東西所拘制，只看見秦朝在帝位的時間短促，而不深切研究它的自始至終的根本原因，就盲目的加以嘲笑，不敢說它有什麼可以採取的地方，這簡直是跟那些隨聲附和聽人家說什麼便信什麼是一樣的糊塗，眞是可悲呀！

余於是因秦記，踵春秋之後，起周元王，表六國時事，訖二世，凡二百七十年，著諸所聞興壞之端。後有君子，以覽觀焉（一）。

【譯】（一）我於是根據秦記，接續（踵）孔子所著的春秋之後，從周元王開始，表列六國時代的史事，以至於秦二世爲止，一共是二百七十年，把我所聽到的有關於治亂興壞的事端都寫出來，以供後世有識之君子，作參考的資料。

公元前475

周元王元年 集解徐廣曰：「乙丑」。皇甫謐曰：「元年癸酉，二十八年庚子崩。」 索隱元王名仁，系本名赤，敬王子。八年崩，子定王介立也。

秦厲共公元年 索隱悼公子。三十四年卒，子躁公立。

魏獻子

衞出公輒後元年 索隱二十一年，季父黔逐出公而自立，曰悼公也。

韓宣子

趙簡子 索隱案：系家簡子名鞅，文子武之孫，景叔成之子也。

四十二 索隱案：簡子以頃公九年在位，頃公十四年卒而定公立，定公明年三十七年卒，是四十二為簡子在位之年。又至出公十七年卒，在位六十年也。

楚惠王章十三年 集解徐廣曰：「亦魯哀公十九年。」 索隱五十七年卒。

吳伐我。

燕獻公十七年 索隱五十七年卒。

齊平公驁五年 索隱二十五年卒。已上當並元王元年。

	471	472	473	473	474
周	五	四	三	三	二
秦	五 楚人來賂。	四	三	三	二 蜀人來賂。
魏			索隱系本名鑿。	晉出公錯元年。	晉定公卒。 索隱系本定公名午。
韓					
趙	四十六	四十五	四十四	四十四	四十三
楚	十七 蔡景侯卒。 索隱案：「景」字誤，合作「成侯」。	十六 越滅吳。	十五	十五	十四 越圍吳，吳怨。
燕	二十一	二十	十九	十九	十八
齊	九	八	七 越人始來。	七	六

	470	469
	六	七
	六 義渠來賂。(緜)〔緜〕諸乞援。集解音義曰「援一作『爰』。」	七 彗星見。
		四十八 衞(莊)〔出〕公
	四十七	
。徐廣不辨，即言「或作『成』。」案：景侯即成侯之高祖父也。	十八 蔡聲侯元年。索隱名產，成侯之子。	十九 王子英奔秦。
	二十二	二十三
晉知伯瑤來伐我。	十	十一

周		八	定王元年　集解徐廣曰：「癸酉，左傳盡此。」皇甫謐曰：「貞定王元年癸亥，十年壬申崩。」索隱：名
秦		八	九
魏	飲，大夫不解（履）〔襪〕，公怒，卽攻公，公奔宋。		
韓			
趙		四十九	五十
楚		二十	二十一
燕		二十四	二十五
齊		十二	十三

	467	466	465
介。二十八年崩。	一	三	四
	十 庶長將兵拔魏城。集解 音義「拔一作『捕』」。彗星見。	十一	十二
	五十一	五十二	五十三
	二十二 魯哀公卒。索隱 系本名蔣。	二十三 魯悼公元年。三桓勝，魯如小侯。索隱 魯悼公，系本名寧。	二十四
	二十六	二十七	二十八
	十四	十五	十六

	464	463
周	五	六
秦	十三	十四　晉人、楚人來賂。
魏		
韓	知伯伐鄭，駟桓子如齊求救。	鄭聲公卒。索隱　聲公名勝，獻公子也。三十七年卒，子哀公易立。八年殺，弟丑立，爲共公。
趙	五十四　知伯謂簡子，欲廢太子襄子，襄子怨知伯。	五十五
楚	二十五	二十六
燕	燕孝公元年	二
齊	十七　救鄭，晉師去。中行文子謂田常：「乃今知所以亡。」	十八

462	461	460	459	458	457
七	八	九	十	十一	十二
十五	十六 塹阿旁。伐大荔。補龐戲城。	十七	十八	十九	二十 公將師與緜諸戰。
鄭哀公元年。					
五十六	五十七	五十八	五十九	六十	襄子 索隱 名無恤。三卿（叛）（敗）智伯晉陽，分其地，始有三
二十七	二十八	二十九	三十	三十一	三十二 蔡聲侯卒。索隱 子元侯立。
三	四	五	六	七	八
十九	二十	二十一	二十二	二十三	二十四

周		十三
秦		二十一
魏		晉哀公忌元年。 正義表云晉出公錯十八年，晉哀公忌二年，晉懿公驕立十七年而卒。世本云昭公。
韓		
趙	晉也。元年未除服，登夏屋，誘代王，以金斗殺代王。封伯魯子周爲代成君。	二
楚		三十三 蔡元侯元年。
燕		九
齊		二十五

十四	
二十二	
	生桓子雝，雝生忌，忌生懿公驕。世家云晉出公十七年，晉哀公驕十八年，而無懿公。案：出公道死，智伯乃立昭公曾孫驕為晉君，是為哀公。哀公大父雍，晉昭公少子，號戴子，生忌。忌善智伯，欲并晉，未敢，乃立忌子驕為君，據三處不同，未知孰是。
三	
三十四	
十	
齊宣公就匝	

		454	453	452
周		十五	十六	十七
秦		二十三	二十四	二十五
魏	衞悼公黚元年。		魏桓子敗智伯于晉陽。索隱桓子名駒。	
韓			韓康子敗智伯于晉陽。索隱康子名虎。	
趙		四　與智伯分范、中行地。	五　襄子敗智伯晉陽，與魏、韓三分其地。	六
楚		三十五	三十六	三十七
燕		十一	十二	十三
齊	元年　集解本作「積」。索隱積，平公子，立五十一年，子康公貸立。	二	三	四

451

	十八
晉大夫智開率其邑來奔。	二十六 左庶長城南鄭。
	七
	三十八
	十四
	五 宋景公卒。 集解 徐廣曰：「案左傳景公死至此九十九年。」 索隱 案：系家景公，元公子，名頭曼，已見十二諸侯表。徐廣云「案左傳景公卒至此九十九年」，謬矣。景公立六十四年卒，公子特殺太子自立，號

	449	450	
周	二十	十九	
秦	二十八 越人來迎女。	二十七	
魏		衞敬公元年。索隱悼公黚之子也。	
韓			
趙	九	八	
楚	四十	三十九 蔡侯齊元年。	
燕	燕成公元年	十五	
齊	七	六 宋昭公元年。	昭公，與前昭公杵臼又歷五君，相去略九十年，故誤也。昭公立四十七年，悼公購立。

448	447	446	445	444	443
二十一	二十二	二十三	二十四	二十五	二十六
二十九 晉大夫智寬率其邑人來奔。	三十	三十一	三十二	三十三 伐義渠，虜其王。	三十四
十	十一	十二	十三	十四	十五
四十一	四十二 楚滅蔡。	四十三	四十四 滅杞。杞，夏之後。	四十五	四十六
二	三	四	五	六	七
八	九	十	十一	十二	十三

		442	441	440	439	438	437
周		二十七	二十八	考王元年。集解徐廣曰：「辛丑」。	二	三	四
秦	日蝕，晝晦。星見。	秦躁公元年	二　南鄭反。	三	四	五	六
魏							晉幽公柳元年。服
韓							
趙		十六	十七	十八	十九	二十	二十一
楚		四十七	四十八	四十九	五十	五十一	五十二
燕		八	九	十	十一	十二	十三
齊		十四	十五	十六	十七	十八	十九

	436	435	434	433	432	431	430
	五	六	七	八	九	十	十一
	七	八　六月，雨雪。日、月蝕。	九	十	十一	十二	十三
韓、魏。						儋昭公元年。	
	二十二	二十三	二十四	二十五	二十六	二十七	二十八
	五十三	五十四	五十五	五十六	五十七	楚簡王仲元年　滅莒。	二
	十四	十五	十六	燕湣公元年	二	三	四
	二十	二十一	二十二	二十三	二十四	二十五	二十六

		429	428	427	426	425
周		十二	十三	十四	十五	威烈王元年 集解徐廣曰：「丙辰。」
秦	義渠伐秦，侵至渭陽。	十四	秦懷公元年。生靈公。	二	三	四 庶長鼂殺懷公。太子蚤
魏						衞悼公亹元年。
韓						
趙		二十九	三十	三十一	三十二	三十三 襄子卒。
楚		三 魯悼公卒。	四 魯元公元年。	五	六	七
燕		五	六	七	八	九
齊		二十七	二十八	二十九	三十	三十一

	424	423	422
索隱 名午，考王子。	二	三	四
死，大臣立太子之子，爲靈公。	秦靈公元年生獻公。	二	三 作上下時。
	魏文侯斯元年 索隱 生武侯擊也。	二	三
	韓武子元年 索隱 武子啓章生景侯虔。	二 鄭幽公元年。韓殺之。	三 鄭立幽公子，爲繻
	趙桓子元年 索隱 桓子嘉，襄子弟也。元年卒，明年國人共立襄子子獻侯浣也。	趙獻侯元年	二
	八	九	十
	十	十一	十二
	三十二	三十三	三十四

		421	420	419	418
周		五	六	七	八
秦		四	五	六	七 與魏戰少梁。
魏		四	五 魏誅晉幽公，立其弟止。	六 晉烈公止元年。魏城少梁。	七
韓	公，元年。	四	五	六	七
趙		三	四	五	六
楚		十一	十二	十三	十四
燕		十三	十四	十五	十六
齊		三十五	三十六	三十七	三十八

417	416	415
九	十	十一
八 城塹河瀕。初以君主妻河。索隱 謂初以此年取他女爲君主，君主猶公主也。妻河，謂嫁之河伯，故魏俗猶爲河伯取婦，蓋其遺風。殊異其事，故云「初」。	九	十 補龐，城籍姑。靈公卒
八 復城少梁。	九	十
八	九	十
七	八	九
十五	十六	十七
十七	十八	十九
三十九	四十	四十一

	413	414	
周	十三	十二	
秦	二	秦簡公元年	，立其季父悼子，是爲公。索隱 案：龐及籍姑皆城邑之名。補者，脩也，謂脩龐而城籍姑也。
魏	十二	十一 衞愼公元年。	
韓	十二	十一	
趙	十一	十 中山武公初立。集解 徐廣曰：「周定王之孫，西周桓公之子。」	
楚	十九	十八	
燕	二十一	二十	
齊	四十三	四十二	

	412	411	410	409
	十四	十五	十六	十七
與晉戰，敗鄭下。	三	四	五 日蝕。	六
	十三 公子擊圍繁龐，出其民。	十四	十五	十六
	十三	十四	十五	十六
	十二	十三 城平邑。	十四	十五
	二十	二十一	二十二	二十三
	二十二	二十三	二十四	二十五
伐晉，毀黃城，圍陽狐。	四十四 伐魯、莒及安陽。	四十五 伐魯，取都。集解徐廣曰：「世家云取一城。」	四十六	四十七

		408	407
周		十八	十九
秦	初令吏帶劍。	七 塹洛，城重泉。初租禾。	八
魏	伐秦，築臨晉、元里。	十七 擊（宋）〔守〕中山。伐秦至鄭，還築洛陰、合陽。集解徐廣曰：「一云擊宋中山，置合陽。世家云攻秦，至鄭而還，築雒陰、合陽。」	十八
韓		韓景侯虔元年 伐鄭，取雍丘。鄭城京。	二
趙		趙烈侯籍元年 魏使太子伐中山。	二
楚		二十四 簡王卒。	楚聲王當元
燕		二十六	二十七
齊		四十八 取魯郕。	四十九

	406	405	404	403
	二十	二十一	二十二	二十三 九鼎震。
	九	十	十一	十二
文侯受經子夏。過段干木之閭常式。	十九	二十 卜相，李克、翟璜爭。	二十一	二十二 初爲侯。
鄭敗韓于負黍。	三	四	五	六 初爲侯。
	三	四	五	六 初爲侯。
年 魯穆公元年。	二	三	四	五 魏、韓、趙始列爲諸侯。
	二十八	二十九	三十	三十一
與鄭會于西城。伐衞，取毋丘。索隱音館。	五十	五十一 田會以廩丘反。	齊康公貸元年	二 宋悼公元年。

	402	401	400	399
周	二十四	安王元年 集解徐廣曰：「庚辰」。	二	三
秦	十三	十四 伐魏，至陽狐。	十五	秦惠公元年
魏	二十三	二十四 秦伐我，至陽狐。	二十五 太子罃生。	二十六
韓	七	八	九 鄭圍陽翟。	韓烈侯元年
趙	七 烈侯好音，欲賜歌者田，徐越侍以仁義，乃止。	八	九	趙武公元年
楚	六 盜殺聲王。	楚悼王類元年	二 三晉來伐我，至（桑）〔乘〕丘。	三
燕	燕釐公元年	二	三	四
齊	三	四	五	六

	398	397	396
王子定奔晉。	四	五	六
索隱 簡公子，史無名。	二	三 日蝕。	四
虢山崩，壅河。	二十七	二十八	二十九
索隱 名取。系本作「武侯」也。	二 鄭殺其相駟子陽。	三 （鄭人殺君） 三月，盜殺韓相俠累。 集解 徐廣曰：「一作『法其』。」	四 鄭相子陽
	二	三	四
歸榆關于鄭。	四 敗鄭師，圍鄭。鄭人殺子陽。	五	六
	五	六	七
	七	八	九

		395	394	393	392
周		七	八	九	十
秦		五　伐（緜）〔諸緜〕。	六	七	八
魏		三十	三十一	三十二　伐鄭，城酸棗。	三十三　晉孝公傾
韓	之徒殺其君繻公。	五　鄭康公元年。	六　救魯。鄭負黍反。	七	八
趙		五	六	七	八
楚		七	八	九　伐韓，取負黍。	十
燕		八	九	十	十一
齊		十　宋休公元年。	十一　伐魯，取最。	十二	十三

	391	390	389	388	387
	十一	十二	十三	十四	十五
	九 伐韓宜陽，取六邑。	十 與晉戰武城。縣陝。	十一 太子生。	十二	十三 蜀取我南鄭。
元年。	三十四	三十五 齊伐取襄陵。	三十六 秦侵陰晉。	三十七	三十八
	九 秦伐宜陽，取六邑。	十	十一	十二	十三
	九	十	十一	十二	十三
	十一	十二	十三	十四	十五
	十二	十三	十四	十五	十六
	十四	十五 魯敗我平陸。	十六 與晉、衞會濁澤。	十七	十八

	386	385	384
周	十六	十七	十八
秦	秦出公元年　索隱　惠公子。	二　庶長改迎靈公太子，立爲獻公。誅出公。	秦獻公元年
魏	魏武侯　索隱　名擊。元年　襲邯鄲，敗焉。	二　城安邑、王垣。	三
韓	韓文侯元年	二　伐鄭，取陽城。伐宋，到彭城，執宋君。	三
趙	趙敬侯元年　武公子朝作亂，奔魏。	二	三
楚	十六	十七	十八
燕	十七	十八	十九
齊	十九　田常曾孫田和始列爲諸侯。遷康公海上，食一城。　索隱　和，田常曾孫，二年，亦號太公。	二十　伐魯，破之。田和卒。	二十一

	383	382	381	380
	十九	二十	二十一	二十二
索隱 名師隰，靈公太子。	二 城櫟陽。	三 日蝕，晝晦。	四 孝公生。	五
	四	五	六	七 伐齊，至桑
	四	五	六	七 伐齊，至桑
	四 魏敗我兎臺。 索隱 兎，土故反。字亦作「菟」。	五	六	七 伐齊，至桑
	十九	二十	二十一	楚肅王臧元年
	二十	二十一	二十二	二十三
田和子桓公午立。	二十二	二十三	二十四	二十五 伐燕，取桑

		379	378
周		二十三	二十四
秦		六　初縣蒲、藍田、善明氏。	七
魏	丘。	八	九　翟敗我澮。伐齊，至靈丘。
韓	丘。鄭敗晉。	八	九　伐齊，至靈丘。
趙	丘。	八　襲衞，不克。	九　伐齊，至靈丘。
楚		二	三
燕		二十四	二十五
齊	丘。	二十六　康公卒，田氏遂并齊而有之。太公望之後絕祀。	齊威王因（齊）元年　自田常至威王，威王始以齊彊天下。

377	376	375	374	373
二十五	二十六	烈王元年 集解 徐廣曰：「丙午」。	二	三
八	九	十 日蝕。	十一 縣櫟陽。	十二
十 晉靜公俱酒元年。	十一 魏、韓、趙滅晉，絕無後。	十二	十三	十四
十	韓哀侯元年 分晉國。	二 滅鄭。康公二十年滅，無後。	三	四
十	十一 分晉國。	十二	趙成侯元年	二
四 蜀伐我茲方。	五 魯共公元年。	六	七	八
二十六	二十七	二十八	二十九	三十 敗齊林孤。
二	三 三晉滅其君。	四	五	六 魯伐入陽關

周	四	
秦	十三	
魏	十五 衞聲公元年。 敗趙北蔺。	
韓	五	
趙	三 伐衞，取都鄙七十三。 魏敗我蔺。	
楚	九	
燕	燕桓公元年	
齊	七 宋辟公元年。 索隱辟音壁。辟公名辟兵，生剔成。案：宋後微弱，君薨未必有謚，辟兵其名也，猶剔成然也。	晉伐我至鱄陵。 索隱劉氏鱄音屬沇反，又音專。

371	370	369	368	367
五	六 集解 徐廣曰：「齊威王朝周。」	七	顯王元年 集解 徐廣曰：「癸丑」。	二
十四	十五	十六 民大疫，日蝕。	十七 櫟陽雨金，四月至八月。	十八
十六 伐楚，取魯陽。	惠王元年	二 敗韓馬陵。	三 齊伐我觀。	四
六 韓嚴殺其君。	莊侯元年 索隱 系家作「懿侯」，系本無。	二 魏敗我馬陵。	三	四
四	五 伐齊于甄。魏敗我懷。	六 敗魏涿澤，圍惠王。	七 侵齊，至長城。	八
十 魏取我魯陽。	十一	楚宣王良夫元年	二	三
二	三	四	五	六
八	九 趙伐我甄。	十 宋剔成元年。	十二 伐魏，取觀。趙侵我長城。	十二

	366	365	364
周	三	四	五　賀秦。
秦	十九　敗韓、魏洛陰。	二十	二十一　章蟜 集解 徐廣曰：「一云『車騎』與」。晉戰石門， 集解 徐廣曰：「一作『阿』。」斬首六萬，
魏	五　與韓會宅陽。城武都。	六　伐宋取儀臺。	七
韓	五	六	七
趙	九	十	十一
楚	四	五	六
燕	七	八	九
齊	十三	十四	十五

	363	362	361	360
	六	七	八	九 致胙于秦。 集解 徐廣曰：「紀年東周惠公傑薨。」
天子賀。	二十二	二十三 與魏戰少梁，虜其太子。	秦孝公元年 彗星見西方。	二 天子致胙。
	八	九 與秦戰少梁，虜我太子。	十 取趙皮牢。 衞成侯元年。	十一
	八	九 魏敗我于澮。大雨三月。	十	十一
	十二	十三 魏敗我于澮。	十四	十五
	七	八	九	十
	十	十一	燕文公元年	二
	十六	十七	十八	十九

	356	357	358	359
周	十三	十二	十一	十
秦	六	五	四	三
魏	十五 魯、衞、宋、鄭侯來。集解 徐廣曰	十四 與趙會鄗。	十三	十二 星晝墮，有聲。
韓	三	二 宋取我黃池。魏取我朱。	韓昭侯元年 秦敗我西山。	十二
趙	十九 與燕會（河）〔阿〕。與齊、宋會	十八 趙孟如齊。	十七	十六
楚	十四	十三 君尹黑迎女秦。	十二	十一
燕	六	五	四	三
齊	二十三 與趙會平陸。	二十二 封鄒忌爲成侯。	二十一 鄒忌以鼓琴見威王。	二十

	355	354	353
	十四	十五	十六
	七 與魏王會杜平。	八 與魏戰元里，斬首七千，取少梁。	九
：「紀年一曰『魯共侯來朝。邯鄲成侯會燕成侯平安邑』。」	十六 與秦孝公會杜平。侵宋黃池，宋復取之。	十七 與秦戰元里，秦取我少梁。	十八 邯鄲降。齊
	四	五	六 伐東周，取
平陸。	二十	二十一 魏圍我邯鄲。	二十二 魏拔邯鄲。
	十五	十六	十七
	七	八	九
	二十四 與魏會田於郊。	二十五	二十六 敗魏桂陵。

	350	351	352	
周	十九	十八	十七	
秦	十二　初（取）〔聚〕小邑爲	十一　城商塞。衞鞅圍固陽，降之。	十　衞公孫鞅爲大良造，伐安邑，降之。	
魏	二十一　與秦遇彤。索隱彤，地	二十　歸趙邯鄲。	十九　諸侯圍我襄陵。築長城，塞固陽。	敗我桂陵。
韓	九	八　申不害相。	七	陵觀、廩丘。
趙	二十五	二十四　魏歸邯鄲，與魏盟漳水上。	二十三	
楚	二十	十九	十八　魯康公元年。	
燕	十二	十一	十	
齊	二十九	二十八	二十七	

347	348	349	
二十二	二十一	二十	
十五	十四 初為賦。	十三 初為縣，有秩史。	三十一縣，令。為田，開阡陌。
二十四	二十三	二十二	名，賜商君，死彤地，劉氏云「阡陌道」，非也。
十二	十一 昭侯如秦。	十 韓姬弒其君悼公。索隱 姬，一作「玘」，同音怡，韓之大夫姓名。案：韓無悼公，所未詳也。	
三 公子范襲邯	二	趙肅侯元年 索隱 名語。	
二十三	二十二	二十一	
十五	十四	十三	
三十二	三十一	三十	

		346	345	344	343
周		二十三	二十四	二十五 諸侯會。	二十六 致伯秦。
秦		十六	十七	十八	十九 城武城。從東方牡丘來歸。天子致
魏		二十五	二十六	二十七 丹封名會。丹，魏大臣。	二十八
韓		十三	十四	十五	十六
趙	鄲，不勝，死。	四	五	六	七
楚		二十四	二十五	二十六	二十七 魯景公偃元年。
燕		十六	十七	十八	十九
齊		三十二 殺其大夫牟辛。	三十四	三十五 田忌襲齊，不勝。	三十六

	342	341
	二十七	二十八
伯。	二十 諸侯畢賀。會諸侯于澤。朝天子。集解 徐廣曰：「紀年作『逢澤』」。	二十一 馬生人。
	二十九 中山君爲相	三十 齊虜我太子申，殺將軍龐涓。
	十七	十八
	八	九
	二十八	二十九
	二十	二十一
	齊宣王辟彊元年	二 敗魏馬陵。田忌、田嬰、田朌將，孫子爲師。集解 徐廣曰：「楚世家云田朌者，齊之將，而齊世家

		340	339	338
周		二十九	三十	三十一
秦		二十二　封大良造商鞅。	二十三　與晉戰岸門。	二十四　（秦）大荔圍合陽。孝公薨。商君
魏		三十一　秦商君伐我，虜我公子卬。	三十二　公子赫爲太子。	三十三　衞鞅亡歸我，我恐，弗內。
韓		十九	二十	二十一
趙		十	十一	十二
楚		三十	楚威王熊商元年。	二
燕		二十二	二十三	二十四
齊	不說田盼，或者是時三人皆出征乎？」	三　與趙會，伐魏。	四	五

	337	336	335	334
	三十二	三十三 賀秦。	三十四	三十五
反，死彤地。	秦惠文王元年 楚、韓、趙、蜀人來。	二 天子賀。行錢。宋太丘社亡。	三 王冠。拔韓宜陽。	四
	三十四	三十五 孟子來，王問利國，對曰：「君不可言利。」	三十六	魏襄王元年
	二十二 申不害卒。	二十三	二十四 秦拔我宜陽。	二十五
	十三	十四	十五	十六
	三	四	五	六
	二十五	二十六	二十七	二十八
	六	七 與魏會平阿南。	八 與魏會于甄。	九

	332	333	
周	三十七	三十六	
秦	六 魏以陰晉爲和，命曰寧秦。 集解 徐廣曰：「今之華陰。」	五 陰晉人犀首爲大良造。	天子致文武胙。魏夫人來。
魏	三 伐趙。 衞平侯元年。	二 秦敗我彫陰。	與諸侯會徐州，以相王。
韓	韓宣惠王元年	二十六 高門成，昭侯卒，不出此門。	旱。作高門，屈宜臼曰：「昭侯不出此門。」
趙	十八 齊、魏伐我，我決河水浸之。	十七	
楚	八	七 圍齊于徐州。	
燕	燕易王元年	二十九	蘇秦說燕。
齊	十一 與魏伐趙。	十 楚圍我徐州。	與魏會徐州，諸侯相王。

331	330	329
三十八	三十九	四十
七 義渠內亂，庶長操將兵定之。	八 魏入（少梁）河西地于秦。	九 度河，取汾陰、皮氏。圍焦，降之。與魏會應。
四	五 與秦河西地少梁。秦圍我焦、曲沃。	六 與秦會應。秦取汾陰、皮氏。
二	三	四
十九	二十	二十一
九	十	十一 魏敗我陘山。
二	三	四
十二	十三	十四

	325	326	327	328
周	四十四	四十三	四十二	四十一
秦	十三　四月戊午，	十二　初臘。會龍門。	十一　義渠君爲臣。歸魏焦、曲沃。	十　張儀相。公子桑圍蒲陽，降之。魏納上郡。
魏	十	九	八　秦歸我焦、曲沃。	七　入上郡于秦。
韓	八　魏敗我韓舉	七	六	五
趙	趙武靈王元年	二十四	二十三	二十二
楚	四	三	二	楚懷王槐元年
燕	八	七	六	五
齊	十八	十七	十六	十五　宋君偃元年。

	324	323	322	321
	四十五	四十六	四十七	四十八
君爲王。	相張儀將兵取陝。初更元年	二 相張儀與齊楚會齧桑。	三 張儀免相，相魏。	四
	十一 衞嗣君元年。	十二	十三 秦取曲沃。平周女化爲丈夫。	十四
。	九	十 君爲王。	十一	十二
魏敗我趙護。	二 城鄗。	三	四 與韓會區鼠。	五 取韓女爲夫人。
	五	六 敗魏襄陵。	七	八
	九	十 君爲王。	十一	十二
	十九	齊湣王地元年	二	三 封田嬰於薛。

	320	319	318	317
周	慎靚王元年 集解徐廣曰：「辛丑」。	二	三	四
秦	五 王北遊戎地，至河上。	六	七 五國共擊秦，不勝而還。	八 與韓、趙戰，斬首八萬。張儀復相。
魏	十五	十六	魏哀王元年 擊秦不勝。	二 齊敗我觀澤。
韓	十三	十四 秦來擊我，取鄢。	十五 擊秦不勝。	十六 秦敗我脩魚，得（韓）將軍申差。
趙	六	七	八 擊秦不勝。	九 與韓、魏擊秦。齊敗我觀澤。
楚	九	十 城廣陵。	十一 擊秦不勝。	十二
燕	燕王噲元年	二	三 擊秦不勝。	四
齊	四 迎婦于秦。	五	六 宋自立爲王。	七 敗魏、趙觀澤。

316	315	314
五	六	周赧王元年 集解 徐廣曰：「丁未」。索隱 赧音尼簡反。宋衷曰：「赧，諡也。」皇甫謐云名誕也。
九 擊蜀，滅之。取趙中都、西陽。（安邑）	十	十一 侵義渠，得二十五城。
三	四	五 秦拔我曲沃，歸其人。走犀首岸門。
十七	十八	十九
十 秦取我中都、西陽。（安邑）	十一 秦敗我將軍英。	十二 集解 徐廣曰：「紀年云立燕公子職。」
十三	十四	十五 魯平公元年。
五 君讓其臣子之國，顧爲臣。	六	七 君噲及太子相子之皆死。
八	九	十

	313	312	311
周	二	三	四
秦	十二　樗里子擊藺陽，虜趙將。公子繇通封蜀。索隱 繇音由。秦之公子。	十三　庶長章擊楚，斬首八萬。	十四　蜀相殺蜀侯。
魏	六　秦來立公子政爲太子。與秦王會臨晉。	七　擊齊，虜聲子於濮。與秦擊燕。	八　圍衞。
韓	二十	二十一　（秦）〔我〕助（我）〔秦〕攻楚，圍景座。	韓襄王元年
趙	十三　秦拔我藺，虜將趙莊。	十四	十五
楚	十六　張儀來相。	十七　秦敗我將屈匄。索隱 匄音蓋。楚大夫。	十八
燕	八	九　燕人共立公子平。	燕昭王元年
齊	十一	十二	十三

310	309	308	307
五	六	七	八
秦武王元年。誅蜀相壯。張儀、魏章皆（死于）〔出之〕魏。	二 初置丞相，樗里子、甘茂爲丞相。	三	四
九 與秦會臨晉。	十 張儀死。	十一 與秦會應。集解 徐廣曰：「在潁川父城。」	十二
二	三	四 與秦會臨晉。秦擊我宜陽。	五
十六 吳廣入女，生子何，立爲惠王后。	十七	十八	十九
十九	二十	二十一	二十二
二	三	四	五
十四	十五	十六	十七

		306	305	304
周		九	十	十一
秦	拔宜陽城，斬首六萬。涉河，城武遂。	秦昭（襄）王元年	二　彗星見。桑君爲亂，誅。	三
魏	太子往朝秦。	十三　秦擊皮氏，未拔而解。	十四　秦武王后來歸。	十五
韓	秦拔我宜陽，斬首六萬。	六　秦復與我武遂。	七	八
趙	初胡服。	二十	二十一	二十二
楚		二十三	二十四　秦來迎婦。	二十五　與秦王會黃棘，秦復歸我上庸。
燕		六	七	八
齊		十八	十九	二十

303	302	301
十二	十三	十四
四 彗星見。	五 魏王來朝。	六 蜀反，司馬錯往誅蜀守煇，定蜀。日蝕，晝晦。伐楚。
十六 秦拔我蒲坂、晉陽、封陵。	十七 與秦會臨晉，復〔歸〕我蒲坂。	十八 與秦擊楚。
九 秦取武遂。	十 太子嬰與秦王會臨晉，因至咸陽而歸。	十一 秦取我穰。與秦擊楚。
二十三	二十四	二十五 趙攻中山。惠后卒。
二十六 太子質秦。	二十七	二十八 秦、韓、魏、齊敗我將軍唐眛於重丘。
九	十	十一
二十一	二十二	二十三 與秦擊楚，使公子將，大有功。

	300	299	298
周	十五	十六	十七
秦	七 樗里疾卒。擊楚，斬首三萬。魏冄爲相。	八 楚王來，因留之。	九
魏	十九	二十 與齊王會于韓。	二十一 與齊、韓共擊秦于函谷。河、渭絕一日。
韓	十二	十三 齊、魏王來。立咎爲太子。	十四 與齊、魏共擊秦。
趙	二十六	二十七	趙惠文王元年 以公子勝爲相，封平原君。
楚	二十九 秦取我襄城，殺景缺。	三十 王入秦。秦取我八城。	楚頃襄王元年 秦取我十六城。
燕	十二	十三	十四
齊	二十四 秦使涇陽君來爲質。	二十五 涇陽君復歸秦。薛文入相秦。	二十六 與魏、韓共擊秦。孟嘗君歸相齊。

297	296	295	294
十八	十九	二十	二十一
十 楚懷王亡之趙，趙弗內。	十一 彗星見。復與魏封陵。	十二 樓緩免。穰侯魏冉為丞相。	十三
二十二	二十三	魏昭王元年 秦尉錯來擊我襄。	二
十五	十六（與齊魏擊秦）秦與我武遂和。	韓釐王咎元年	二
二 楚懷王亡來，弗內。	三	四 圍殺主父。與齊、燕共滅中山。	五
二	三 懷王卒于秦，來歸葬。	四 魯文（侯）（公）元年。集解 徐廣曰：「一作『湣』。」	五
十五	十六	十七	十八
二十七	二十八	二十九 佐趙滅中山。	三十

	（續）	293	292	291
周		二十二	二十三	二十四
秦	任鄙爲漢中守。	十四 白起擊伊闕，斬首二十四萬。	十五 魏冉免相。	十六
魏	與秦戰，（解）〔我〕不利。	三 佐韓擊秦，秦敗我兵伊闕。	四	五
韓		三 秦敗我伊闕，〔斬首〕二十四萬，虜將喜。	四	五 秦拔我宛城。
趙		六	七	八
楚		六	七 迎婦秦。	八
燕		十九	二十	二十一
齊	田甲劫王，相薛文走。	三十一	三十二	三十三

290	289	288	287
二十五	二十六	二十七	二十八
十七 魏入河東四百里。	十八 客卿錯擊魏，至軹，取城大小六十一。	十九 十月爲帝，十二月復爲王。任鄙卒。	二十
六 芒卯以詐見重。	七 秦擊我。取城大小六十一。	八	九 秦拔我新垣
六 與秦武遂地方二百里。	七	八	九
九	十	十一 秦拔我桂陽。集解 徐廣曰：「一作『梗』。」	十二
九	十	十一	十二
二十二	二十三	二十四	二十五
三十四	三十五	三十六 爲東帝二月，復爲王。	三十七

		286	285	284	283
周		二十九	三十	三十一	三十二
秦		二十一 魏納安邑及河內。	二十二 蒙武擊齊。	二十三 尉斯離與韓、魏、燕、趙共擊齊，破之。	二十四
魏	、曲陽之城。	十 宋王死我溫。	十一	十二 與秦擊齊濟西。與秦王會西周。	十三
韓		十 秦敗我兵夏山。	十一	十二 與秦擊齊濟西。與秦王會西周。	十三
趙		十三	十四 與秦會中陽。	十五 取齊昔陽。	十六
楚		十三	十四 與秦會宛。	十五 取齊淮北。	十六
燕		二十六	二十七	二十八 與秦、三晉擊齊，燕獨入至臨菑，取其寶器。	二十九
齊		三十八 齊滅宋。	三十九 秦拔我列城九。	四十 五國共擊湣王，王走莒。	齊襄王法章

	282	281	280	279
	三十三	三十四	三十五	三十六
與楚會穰。	二十五	二十六 魏冉復爲丞相。	二十七 擊趙，斬首三萬。地動，壞城。	二十八
秦拔我安城，兵至大梁而還。	十五 大水。衞懷君元年。	十五	十六	十七
	十四 與秦會兩周閒。	十五	十六	十七
	十七 秦拔我兩城。	十八 秦拔我石城。	十九 秦敗我軍，斬首三萬。	二十
與秦王會穰。	十七	十八	十九 秦擊我，與秦漢北及上庸地。	二十
	三十	三十一	三十二	三十三
元年	二	三	四	五

		278	277	276
周		三十七	三十八	三十九
秦		二十九 白起擊楚，拔郢，更東至竟陵，以爲南郡。	三十 白起封爲武安君。	三十一
魏		十八	十九	魏安釐王元年 秦拔我兩城
韓		十八	十九	二十
趙	與秦會黽池，藺相如從。	二十一	二十二	二十三
楚	秦拔鄢、西陵。	二十一 秦拔我郢，燒夷陵，王亡走陳。	二十二 秦拔我巫、黔中。	二十三 秦所拔我江
燕		燕惠王元年	二	三
齊	殺燕騎劫。	六	七	八

273	274	275	
四十二	四十一	四十	
三十四 白起擊魏華	三十三	三十二	
四 與秦南陽以	三 秦拔我四城，斬首四萬。	二 秦拔我兩城，軍大梁下，韓來救，與秦溫以和。	。封弟公子無忌爲信陵君。
二十三	二十二	二十一 暴鳶救魏，爲秦所敗，走開封。	
二十六	二十五	二十四	
二十六	二十五	二十四	旁反秦。
六	五	四	
十一	十	九	

		272	271	270
周		四十三	四十四	四十五
秦	陽軍，芒卯走，得三晉將，斬首十五萬。	三十五	三十六	三十七
魏	和。	五　擊燕。	六	七
韓		韓桓惠王元年	二	三
趙		二十七	二十八　藺相如攻齊，至平邑。	二十九　秦擊我閼與
楚		二十七　擊燕。魯頃公元年。	二十八	二十九
燕		七	燕武成王元年	二
齊		十二	十三	十四　秦擊我剛壽。

	269	268	267	266
	四十六	四十七	四十八	四十九
	三十八	三十九	四十 太子質於魏者死，歸葬芷陽。	四十一
	八	九 秦拔我懷城。	十	十一 秦拔我廩丘。
	四	五	六	七
。趙奢將擊秦，大敗之，賜號曰馬服。	三十 秦擊我閼與不拔。	三十一	三十二	三十三
	三十	三十一	三十二	三十三
	三	四	五	六
	十五	十六	十七	十八

		265	264	263
周		五十	五十一	五十二
秦		四十二　宣太后薨。安國君爲太子。	四十三	四十四　（秦）攻韓，取南陽。
魏	集解徐廣曰：「或作『邢丘』。」	十二	十三	十四
韓		八	九　秦拔我陘。城汾旁。	十　秦擊我太行。
趙		趙孝成王元年　秦拔我三城。平原君相。	二	三
楚		三十四	三十五	三十六
燕		七　齊田單拔中陽。	八	九
齊		十九	齊王建元年	二

	262	261	260
	五十三	五十四	五十五
集解徐廣曰：「一作『郡』。」	四十五 （秦）攻韓，取十城。	四十六 王之南鄭。	四十七 白起破趙長平，殺卒四十五萬。
	十五	十六	十七
	十一	十二	十三
	四	五 使廉頗拒秦於長平。	六 使趙括代廉頗將。白起破括四十五萬。
	楚考烈王元年 秦取我州。黃歇爲相。	二	三
	十	十一	十二
	三	四	五

	259	258	257	256	255
周	五十六	五十七	五十八	五十九 集解徐廣曰：「乙巳」。 赧王卒。	
秦	四十八	四十九	五十 王齕、鄭安平圍邯鄲，及齕還軍，拔新中。	五十一	五十二 集解徐廣曰：「丙午。」
魏	十八	十九	二十 公子無忌救邯鄲，秦兵解去。	二十一 韓、魏、楚救趙新中，秦兵罷。	二十二
韓	十四	十五	十六	十七 秦擊我陽城，救趙新中。	十八
趙	七	八	九 秦圍我邯鄲，楚、魏救我。	十	十一
楚	四	五	六 春申君救趙。	七 救趙新中。	八 取魯，魯君封於莒。
燕	十三	十四	燕孝王元年	二	三
齊	六	七	八	九	十

	254	253	252	251
取西周（王）王稽棄市。	五十三	五十四	五十五	五十六
	二十三	二十四	二十五 衞元君元年。	二十六
	十九	二十	二十一	二十二
	十二	十三	十四	十五 平原君卒。
	九	十 徙於鉅陽。	十一	十二 柱國景伯死。
	燕王喜元年	二	三	四 伐趙，趙破我軍，殺栗腹。索隱 人姓字燕相也。
	十一	十二	十三	十四

	250	249
周		
秦	秦孝文王元年 集解徐廣曰：「辛亥。文王后曰華陽后，生莊襄王子楚，母曰夏太后。」	秦莊襄王楚元年 集解徐廣曰：「壬子。」 蒙驁取成皋、滎陽。初置三川郡。呂不韋相。取東周。
魏	二十七	二十八
韓	二十三	二十四 秦拔我成皋、滎陽。
趙	十六	十七
楚	十三	十四 楚滅魯，頃公遷卞，為家人，絕祀。
燕	五	六
齊	十五	十六

248	247
二 蒙驁擊趙榆次、新城、狼孟，得三十七城。日蝕。	三 王齮擊上黨。集解 徐廣曰：「齮，一作『齕』。」初置太原郡。魏公子無忌率五國卻我軍河外，蒙驁解去。
二十九	三十 無忌率五國兵敗秦軍河外。
二十五	二十六 秦拔我上黨。
十八	十九
十五 春申君徙封於吳。	十六
七	八
十七	十八

	246	245	244	243	242
秦	始皇帝元年 集解徐廣曰：「乙卯」。擊取晉陽，作鄭國渠。	二	三 蒙驁擊韓，取十三城。王齮死。	四 七月，蝗蔽天下。百姓納粟千石，拜爵一級。	五 蒙驁取魏酸棗二十城。初置東郡。
魏	三十一	三十二	三十三	三十四 信陵君死。	魏景湣王元年 秦拔我二十城。
韓	二十七	二十八	二十九 秦拔我十三城。	三十	三十一
趙	二十 秦拔我晉陽。	二十一	趙悼襄王偃元年	二 太子從質秦歸。	三 趙相、魏相會（魯）柯，盟。
楚	十七	十八	十九	二十	二十一
燕	九	十	十一	十二 趙拔我武遂、方城。	十三 劇辛死於趙。
齊	十九	二十	二十一	二十二	二十三

241	240	239	238	237
六 五國共擊秦。	七 彗星見北方西方。夏太后薨。蒙驁死。	八 嫪毐封長信	九 彗星見，竟天。嫪毐為亂，遷其舍人于蜀。彗星復見。	十
二 秦拔我朝歌。衞從濮陽徙野王。	三 秦拔我汲。	四	五 秦拔我垣、蒲陽、衍。	六
三十二	三十三	三十四	韓王安元年	二
四	五	六	七	八
二十二 王東徙壽春，命曰郢。	二十三	二十四	二十五 李園殺春申君。	楚幽王悍元
十四	十五	十六	十七	十八
二十四	二十五	二十六	二十七	二十八

	（續）	236	235	234
秦	相國呂不韋免。齊、趙來，置酒。太后入咸陽。大索。	十一　呂不韋之河南。王翦擊鄴、閼與，取九城。	十二　發四郡兵助魏擊楚。呂不韋卒。復嫪毐舍人遷蜀者。	十三　桓齮擊平陽，殺趙扈輒，斬首十萬，因東擊。
魏		七	八　秦助我擊楚。	九
韓		三	四	五
趙	入秦，置酒。	九　秦拔我閼與、鄴，取九城。	趙王遷元年　集解徐廣曰：「幽愍元年。」	二　秦拔我平陽，敗扈輒。
楚	年	二	三　秦、魏擊我。	四
燕		十九	二十	二十一
齊	入秦，置酒。	二十九	三十	三十一

	233	232	231
趙王之河南。彗星見。	十四 桓齮定平陽、武城、宜安。韓使非來，我殺非。韓王請爲臣。	十五 興軍至鄴。軍至太原。取狼孟。	十六
	十	十一	十二
	六	七	八
索隱 扈輒，趙將，漢別有扈輒也。 斬首十萬。	三 秦拔我宜安。	四 秦拔我狼孟、鄱吾，索隱 鄱音婆，又音盤，縣名，在常山。 軍鄴。	五
	五	六	七
	二十二	二十三 太子丹質於秦，亡來歸。	二十四
	三十二	三十三	三十四

		230	229	228
秦	置麗邑。發卒受韓南陽。	十七　內史（勝）〔騰〕擊得韓王安，盡取其地，置潁川郡。華陽太后薨。	十八	十九　王翦拔趙，虜王遷（之）邯鄲。帝太后薨。
魏	獻城秦。	十三	十四　衞君角元年	十五
韓	秦來受地。	九　秦虜王安，秦滅韓。		
趙	地大動。	六	七	八　秦王翦虜王遷邯鄲。公子嘉自立爲代王。
楚		八	九	十　幽王卒，弟郝立，爲哀王。三月，負芻殺哀王。
燕		二十五	二十六	二十七
齊		三十五	三十六	三十七

227	226	225	224	223
二十 燕太子使荊軻刺王，覺之。王翦將擊燕。	二十一 王賁擊楚。	二十二 王賁擊魏，得其王假。盡取其地。	二十三 王翦、蒙武擊破楚軍，殺其將項燕。	二十四
魏王假元年	二	三 秦虜王假。		
代王嘉元年	二	三	四	五
楚王負芻元年 負芻，哀王庶兄。	二 秦大破我，取十城。	三	四 秦破我將項燕。	五
二十八 太子丹使荊軻刺秦王，秦伐我。	二十九 秦拔我薊，得太子丹。王徙遼東。	三十	三十一	三十二
三十八	三十九	四十	四十一	四十二

	王翦、蒙武破楚，虜其王負芻。				秦虜王負芻。秦滅楚。		
222	二十五 王賁擊燕，虜王喜。又擊得代王嘉。五月，天下大酺。			六 秦將王賁虜王嘉，秦滅趙。		三十三 秦虜王喜，拔遼東，秦滅燕。	四十三
221	二十六 王賁擊齊，虜王建。初并天下，立爲皇帝。						四十四 秦虜王建。秦滅齊。
220	二十七 更命河爲「德水」。爲金人十二。命民曰「黔首」。同天下書。分爲三十六郡。						
219	二十八 爲阿房宮。之衡山。治馳道。帝之琅邪，道南郡入。爲太極廟。賜戶三十，爵一級。						
218	二十九 郡縣大索十日。帝之琅邪，道上黨入。						
217	三十						

216	三十一	更命臘曰「嘉平」。賜黔首里六石米二羊，以嘉平。大索二十日。
215	三十二	帝之碣石，道上郡入。
214	三十三	遣諸逋亡及賈人贅壻略取陸梁，爲桂林、南海、象郡，以適戍。西北取戎爲（四）〔三〕十四縣。集解徐廣曰：「一云四十四縣是也。又云二十四縣。」築長城河上，蒙恬將三十萬。
213	三十四	適治獄不直者築長城。（及）〔取〕南方越地。覆獄故失。
212	三十五	爲直道，道九泉，通甘泉。
211	三十六	徙民於北河、楡中，耐徙三處，集解徐廣曰：「一作『家』。」拜爵一級。石晝下東郡，有文言「地分」。
210	三十七	十月，帝之會稽、琅邪，還至沙丘崩。子胡亥立，爲二世皇帝。殺蒙恬。道九原入。復行錢。
209	二世元年	十月戊寅，大赦罪人。十一月，爲兔園。十二月，就阿房宮。其九月，郡縣皆反。楚兵至戲，章邯擊却之。出衞君角爲庶人。
208	二	將軍章邯、長史司馬欣、都尉董翳追楚兵至河。誅丞相斯、去疾，將軍馮劫。

三

趙高反，二世自殺，高立二世兄子嬰。子嬰立，刺殺高，夷三族。諸侯入秦，嬰降，為項羽所殺。尋誅羽，天下屬漢。

史記卷十六　秦楚之際月表第四

（所謂「秦楚之際」，卽自秦二世元年（西曆紀元前二〇九年）至漢高祖滅項羽之年（西曆紀元前二〇二年），爲時約五年至六年，其間，草莽英雄，綠林豪漢，各霸一方，稱孤道寡者，如雨後春筍，然皆倏焉而起，倏焉而仆，不可以年記，故以月爲記事單位也。）

太史公讀秦楚之際，曰：初作難，發於陳涉（一）；虐戾滅秦，自項氏（二）；撥亂誅暴，平定海內，卒踐帝祚，成於漢家（三）。五年之閒，號令三嬗（四），自生民以來，未始有受命若斯之亟也（五）。

【註】（一）號召民衆，起而革命反秦，是陳涉首先發難的。（二）以殘酷手段，殺秦王子嬰，焚秦宮室，是項羽滅秦的。（三）撥亂誅暴，平定海內，終登帝位，是高祖所完成的。（四）五年之間，號令三變（嬗：音善ㄕㄢˋ，變更、替換）。（五）自從有生民以來，未嘗有受天之命像這樣的迅速的。（亟：急也，速也）。

昔虞、夏之興，積善累功數十年，德洽百姓，攝行政事，考之于天（一），然後在位。湯、武之王，乃由契、后稷脩仁行義十餘世，不期而會孟津八百諸侯（二），猶以爲未可，其後乃放弒。秦起襄公，章於文、繆、獻、孝之後（三），稍以蠶食六國（四），百有餘載，至始皇乃能并冠帶之倫（五）。以德若彼（六），用力如此（七），蓋一統若斯之難也（八）。

【註】（一）受上天的考驗，天意允許。（二）武王伐紂，會諸侯於孟津（河南孟津縣，在洛陽之北），不期而至者八百。（三）章：同「彰」，顯名，活躍。（四）蠶食：如蠶之食葉，是一口一口吃下去的，而不是一下子整個吞進的。（五）冠帶之倫：言其文明程度高於秦國者。到了始皇以武力併吞了文明程度比秦國爲高的東方諸國。（六）像他們的先人那樣的積德累善。（七）而他們的子孫又是這樣的征伐不停。（八）原來統一天下是這樣的艱難啊！

秦既稱帝，患兵革不休，以有諸侯也（一），於是無尺土之封，墮壞名城（二），銷鋒鏑（三），鉏豪桀（四），維萬世之安（五）。然王跡之興，起於閭巷（六），合從討伐，軼於三代（七），鄉秦之禁（八），適足以資賢者爲驅除難耳（九）。故憤發其所爲天下雄（一〇），安在無土不王（一一）。此乃傳之所謂大聖乎？（一二）豈非天哉，豈非天哉！非大聖孰能當此受命而帝者乎（一三）！

【註】（一）因爲諸侯都佔有廣大的土地，掌握着軍權財權，所以動輒反抗中央或互相侵奪，而戰爭紛起，於是秦始皇統一之後，決定消滅諸侯。（二）隳壞名城，粉碎諸侯的軍事堡壘。（三）銷毀鋒鏑（鏑：音敵ㄉㄧˊ，金屬製之箭鏃），毀滅諸侯的武力資源。（四）鉏：同「鋤」，斬除，把有政治野心有號召能力之人，都斬除掉。（五）維：保持秦家子孫萬世一系而爲皇帝的安全。（六）言漢高祖起於閭巷，出身平民。（七）軼：音逸（ㄧˋ），超過。言其合從討伐之才能與收效，超過於三代之商湯、周武。（八）鄉：同「向」，向日，昔日。（九）賢者：指高祖。言昔日秦始皇之禁止分封諸侯，削除地方勢力，正好是幫助（資）高祖來排除一切的困難而打倒孤立無援之秦朝。（一〇）所以高祖興致勃勃的積極憤發，要決心爲天下之雄。（一一）怎見得沒有封土就不能成王呢？（一二）這莫非就是經傳上所謂「故大聖必得其位」嗎？（一三）豈不是天意的安排嗎？如果不是大聖，誰能夠承當上天之命而爲帝者啊！

秦楚之際月表

秦	二世元年集解徐廣曰：「壬辰」。正義七月，陳涉起陳。八月，武臣起趙。九月
楚	
項	
趙	
齊	
漢	
燕	
魏	
韓	

，項梁起吳，田儋起齊，沛公初起，韓廣起燕。十二月，魏咎起魏，陳王立之。二年六月，韓成

起韓。項梁立之也。	七月
	楚隱王陳涉起兵入秦。索隱二月，葛嬰立襄彊，涉之二月也。至戲，葛嬰殺彊。五月，周文死。六月，陳涉死。然涉起凡六月，當

	八月	九月　楚兵至戲。
二世元年十二月也。	二　葛嬰爲涉徇九江，立襄彊爲楚王。	三　周文兵至戲，敗。而（陳）〔葛〕嬰
		項梁號武信君。索隱　二世元年九月立，至二年九
	武臣始至邯鄲，自立爲趙王，始。索隱　凡四月，爲李良所殺，當二世元年八月也。	二
		齊王田儋始。儋，狄人。諸田宗彊。從弟榮，榮弟橫。索隱　二世二年
		沛公初起。索隱　凡十四月，懷王封沛公爲武安侯，將碭郡兵。
		韓廣爲趙略地至薊，自立爲燕王始。索隱　二世
		魏王咎始。咎在陳，不得歸國。集解　徐廣

208

二年十月		
誅葛嬰。	四	聞涉王，即殺彊。
	二	月，章邯殺梁於定陶。
	三	
儋之起，殺狄	二	六月，章邯殺儋。儋立十月死。齊立田假。二世二年八月，田榮立儋子市為王。項羽又立市為膠東王，封田都為臨淄王，安為濟北王。田榮殺田市、田安，自立為王。羽擊榮，平原人殺之。田横立榮子廣為王也。
擊胡陵、方與，破	二	
	二	三年十月，(破)〔使〕臧荼救趙，封荼為燕王，徙廣封遼東王，後臧荼殺韓廣。
	二	曰：「魏咎、曹咎字皆作『咎』音臼。」索隱　四月，咎自陳歸，立。二年六月，咎自殺。九月，弟豹自立，都平陽。後豹歸漢，尋叛，韓信虜豹。

				令自王。	秦監軍。			
十一月	五 周文死。	三	四 李良殺武臣，張耳、陳餘走。	三	三 殺泗水守。集解徐廣曰：「泗水屬東海。」拔薛西。周市東略地豐沛閒。	三	三 齊、趙共立周市，市不肯，曰「必立魏咎」云。	
十二月	六 陳涉死。	四		四	四 雍齒叛沛公，以豐降魏。沛公還攻豐，不能下。	四	四 咎自陳歸，立。	
端月 索隱二世二年	楚王景駒始，秦嘉立之。索隱八月	五 涉將召平矯拜項梁爲楚柱國。	趙王歇始，張耳、陳餘立之。索隱張	五 讓景駒以擅自王不請我。	五 沛公聞景駒王在留，往從，與擊秦軍碭西。集解徐廣曰	五	五 章邯已破涉，圍咎臨濟。	

正月也。秦諱正，故云端月也。	二月	三月
項梁殺之。	二　嘉爲上將軍。	三
，急西擊秦。	六　梁渡江，陳嬰、黥布皆屬。	七
耳、陳餘，項羽立爲代王。後漢滅歇，立張耳也。	二	三
	六　景駒使公孫慶讓齊，誅慶。	七
：「一作『蕭』。」	六　攻下碭，收得兵六千，與故凡九千人。	七　攻拔下邑，遂擊豐，豐不拔。聞項梁兵衆，往請擊豐。
	六	七
	六	七

四月	五月	六月 索隱 二世二年六月也。
四		楚懷王始，都盱台，故懷王孫，梁立之。索隱 故懷王之孫名心也。項梁之起，諸侯尊
八 梁擊殺景駒、秦嘉，遂入薛，兵十餘萬衆。	九	十 梁求楚懷王孫，得之民閒，立爲楚王。
四	五	六
八	九	十 儋救臨濟，章邯殺田儋。榮走東阿。
八 沛公如薛見項梁，梁益沛公卒五千，擊豐，拔之。雍齒奔魏。	九	十 沛公如薛，共立楚懷王。
八	九	十
八 臨濟急，周市如齊、楚請救。	九	十 咎自殺，臨濟降秦。
		韓王成始。索隱 韓王成立，項羽更王之，不使就封，數月殺之，立鄭昌爲韓王，降漢。漢封韓信爲王。

	七月	八月	九月
為義帝，項羽徙而殺之。	二 陳嬰為柱國。	三	四 徙都彭城。
	十一 天大雨，三月不見星。	十二 救東阿，破秦軍，乘勝至定陶，項梁有驕色。	十三 章邯破殺項梁於定
	七	八	九
	齊立田假為王，秦急圍東阿。	楚救榮，得解歸，逐田假，立儋子市為齊王，始。	二 田假走楚，楚趣齊救趙。田
	十一 沛公與項羽北救東阿，破秦軍濮陽，東屠城陽。	十二 沛公與項羽西略地，斬三川守李由於雍丘。	十三 沛公聞項梁死，還軍，從懷王，軍於
	十一	十二	十三
	咎弟豹走東阿。		魏豹自立為魏王，都平陽，
	二	三	四

207

	後九月 集解徐廣曰：「應閏建酉」。	三年 十月
	五 拜宋義爲上將軍。	六
陶，項羽恐，還軍彭城。	懷王封項羽於魯，爲次將，屬宋義，北救趙。	二
	十 秦軍圍歇鉅鹿，陳餘出(救)〔收〕兵。	十一 章邯破邯鄲，徙其民於河內。
榮以假故，不肯，謂「楚殺假乃出兵。」項羽怒田榮。	三	四 齊將田都叛榮，往助項羽救趙。
碭。	十四 懷王封沛公爲武安侯，將碭郡兵西，約先至咸陽王之。	十五 攻破東郡尉及王離軍於成武南。
	十四	十五 使將臧荼救趙。
始。	二	三
	五	六

十一月	十二月	端月	二月
七　拜籍上將軍。	八	九	十
三　羽矯殺宋義，將其兵渡河救鉅鹿。	四　大破秦軍鉅鹿下，諸侯將皆屬項羽。	五　虜秦將王離。	六
十二	十三　楚救至，秦圍解。	十四　張耳怒陳餘，棄將印去。	十五
五	六　故齊王建孫田安下濟北，從項羽救趙。	七	八
十六	十七　（救趙）至栗，得皇訢、武蒲軍。與秦軍戰，破之。	十八	十九
十六	十七	十八	十九
四	五　豹救趙。	六	七
七	八	九	十

	三月	四月	五月
	十一	十二	二年一月
攻破章邯，章邯軍卻。	七	八 楚急攻章邯，章邯恐，使長史欣歸秦請兵，趙高讓之。	九
	十六	十七	十八
	九	十	十一
得彭越軍昌邑，襲陳留。用酈食其策，軍得積粟。	二十 攻開封，破秦將楊熊，熊走滎陽，秦斬熊以徇。	二十一 攻潁陽，略韓地，北絕河津。	二十二
	二十	二十一	二十二
	八	九	十
	十一	十二	十三

	六月	七月
	二	三
趙高欲誅欣，欣恐，亡走，告章邯謀叛秦。	十 章邯與楚約降，未定，項羽許而擊之。	十一 項羽與章邯期殷虛，章邯等已降，與盟，以邯
	十九	二十
	十二	十三
	二十三 攻南陽守齮，破之陽城郭東。集解徐廣曰：「陽城在南陽。」	二十四 降下南陽，封其守齮。
	二十三	二十四
	十一	十二
	十四	十五 申陽下河南，降楚。

206

	八月趙高殺二世。	九月子嬰爲王。	十月 集解徐廣曰：「歲
	四	五	六
爲雍王。	十二 以秦降都尉翳、長史欣爲上將，將秦降軍。	十三	十四 項羽將諸侯兵四十餘萬，行略地，西
	二十一 趙王歇留國。陳餘亡居南皮。	二十二	二十三 張耳從楚西入秦。
	十四	十五	十六
	二十五 攻武關，破之。	二十六 攻下嶢及藍田。以留侯策，不戰皆降。	二十七 漢元年，秦王子嬰降。沛公入破咸陽，平秦，還軍霸上，待諸侯約。
	二十五	二十六	二十七
	十三	十四	十五 從項羽略地，遂入關。
	十六	十七	十八

在乙未。」索隱高祖至霸上，稱元年。徐廣云歲在乙未。	十一月
	七
至於河南。	十五　羽詐阬殺秦降卒二十萬人於新安。
	二十四
	十七
	二十八　沛公出令三章，秦民大悅。
	二十八
	十六
	十九

十二月

八　分楚爲四。索隱西楚、衡山、臨江、九江也。

十六　至關中，誅秦王子嬰，屠燒咸陽。分天下，立諸侯。

二十五　分趙爲代國。

十八　項羽怨榮，（殺之）分齊爲三國。索隱臨菑、濟北、膠東。

二十九　與項羽有郄，見之戲下，講解。羽倍約，分關中爲四國。索隱漢、雍、塞、翟。

二十九　臧荼從入，分燕爲二國。索隱燕、遼東也。

十七　分魏爲殷國。

二十　分韓爲河南國。

九　義帝元年。諸侯尊懷王爲義帝。索隱

十七　項籍自立爲西楚霸王。

分爲衡山。

分爲臨江。

分爲九江。

二十六　更名爲常山。

分爲代。

十九　更名爲臨菑。

分爲濟北。

分爲膠東。

正月　索隱高祖及十二諸侯受封之月，漢書

分關中爲雍。

分關中爲塞。

分關中爲翟。

三十　燕

分爲遼東。

十八　更爲西魏。

分爲殷。

二十一　韓

分爲河南。

項羽徙之於郴，至十月，項籍使九江王布殺義帝，漢王爲舉哀也。

異姓王表云一月，故應劭云：「諸侯王始受封之月，十三王同時稱一月。以非元正，故云一月。

	二　徙都江南郴。
	西楚主伯，項籍始，爲
	王吳芮始，故番君。
	王共敖始，故楚柱國。
	王英布始，故楚將。
	王張耳始，故楚將。
	二十七　索隱趙歇前爲趙王已二
	王田都始，故齊將。
	王田安始，故齊將。
	二十　王田市始，故齊王。
高祖十月至霸上，改元，至此月漢四月。」分關中爲漢。	二月　索隱應劭云：「諸王始
	王章邯始，故秦將。
	王司馬欣始，故秦將。
	王董翳始，故秦將。
	王臧荼始，故燕將。
	三十一　王韓廣始，故燕王。
	十九　王魏豹始，故魏王。
	王司馬卬始，故趙將。
	二十二　王韓成始，故韓將。
	王申陽始，故楚將。

天下主命，立十八王。

索隱故趙相。

十六月，今徙王代之二月，故云二十七月。其膠東王市之前爲齊王十九月，韓廣、魏豹、韓成五

都國之月十三王同時稱二月。」漢王始，故沛公。

索隱故秦長史。

索隱故秦都尉。

索隱故韓王。

三		
二	都彭城。	
二	都郴。	
二	都江陵。	
二	都六。	
二	都襄國。	
二十八	都代。	人並先爲王已經多月，故因舊月而數也。王趙歇始，故趙王。
二	都臨菑。	
二	都博陽。	
二十一	都即墨。	
三月	都南鄭。	
二	都廢丘。	
二	都櫟陽。	
二	都高奴。	
二	都薊。	
三十二	都無終。	
二十	都平陽。索隱	
二	都朝歌。	
二十三	都陽翟。索隱	
二	都洛陽。	

豹從漢又叛，韓信虜之。漢四年，周苛殺豹也。

姚氏云：「韓成是項梁所立，不與十七國封。此云十八王，並項羽所命，不細區別。」又高紀云

四	
三	
三	
三	
三	
三	
二十九	
三	
三	
二十二	
四月	
三	
三	
三	
三	
三十三	
二十二	
三	
二十四	項羽與成至彭城，廢為侯，又殺之。是不令就國，當以陽翟為都而不之國。
三	

	五	六
諸侯罷戲下兵，皆之國。	四	五
	四	五
	四	五
	四	五
	四	五
	三十	三十一
	四 田榮擊都，都降楚。	齊王田榮始，
	四	五
	二十三	二十四 田榮擊殺市。
	五月	六月
	四	五
	四	五
	四	五
	四	五
	三十四	三十五
	二十二	二十三
	四	五
	二十五	二十六
	四	五

	七	八	九
	六	七	八
	六	七	八
	六	七	八
	六	七	八
	六	七	八
	三十二	三十三	三十四
故齊相。	二	三	四
	六 田榮擊殺安。	屬齊。	
	屬齊。		
	七月	八月	九月
	六	七 邯守廢丘，漢圍之。	八
	六	七 欣降漢，國除。	屬漢
	六	七 翳降漢，國除。	屬漢
	六	七	八
	三十六	三十七 臧荼擊廣無終，滅之。	屬燕
	二十四	二十五	二十六
	六	七	八
	二十七 項羽誅成。	韓王鄭昌始，項羽立之。	二
	六	七	八

	十	項羽滅義帝。	
	九		十
	九		十
	九		十
	九		十
	九	耳降漢。	
	三十五	歇復王趙。	三十六
	五		六
	十月	王至陝。集解徐廣曰：「弘農陝縣。」	十一月
	九		十
，爲渭南、河上郡。			
，爲上郡。			
	九		十
	二十七		二十八
	九		十
	三		
	九		

	十一	十二
	十一	十二
	十一	十二
	十一	十二
	歇以陳餘爲代王，（號）〔故〕成安君。	二
	三十七	三十八
	七	八 項籍
	十二月	正月
漢拔我隴西。	十一	十二 漢拔
	十一	十二
	二十九	三十
	十一	十二
韓王信始，漢立之。	二	三
屬漢，爲河南郡。		

二	二年一月	
二	二年一月	
十四	十三	
二	二年一月	
四	三	
四十	三十九	
二田榮	項籍立故齊王田假為齊王。	擊榮，走平原，平原民殺之。
三月王擊	二月	
二	二年一月	我北地。
二	二年一月	
三十二降漢	三十一	
十四降漢	十三	
五	四	

	三　項羽以兵三萬破漢兵五十六萬。
	三
	十五
	三
	五
	四十二
弟橫反城陽，擊假，走楚，楚殺假。	齊王田廣始。廣，榮子，橫立之。
殷。	四月王伐楚至彭城，壞走。
	三
	三
。（為廢王）	三十三　從漢伐楚。
，卬廢。	為河內郡，屬漢。
	六　從漢伐楚。

四	五	六
四	五	六
十六	十七	十八
四	五	六
六	七	八
四十二	四十三	四十四
二	三	四
五月　王走滎陽。	六月　王入關，立太子。復如滎陽。	七月
四	五　漢殺邯廢丘。	屬漢，爲隴西。
四	五	六
三十四　豹歸，叛漢。	三十五	三十六
七	八	九

	七	八	九
	七	八	九
	十九	二十	二十一
	七	八	九
	九	十	十一
	四十五	四十六	四十七
	五	六	七
	八月	九月	後九月〔集解〕徐廣曰：「應
、北地、中地郡。			
	七	八	九
	三十七	三十八 漢將信虜豹。	屬漢，爲河東、上黨郡。
	十	十一	十二

十二	十一	十	
十二	十一	十	
二十四	二十三	二十二	
十二 布身降漢	十一	十	
	屬漢，爲太原郡。	十二 漢將韓信斬陳餘。	
	屬漢，爲郡。	四十八 漢滅歇。	
十	九	八	
十二、月	十一、月	三年十月	閏建巳。」
十二	十一	十	
三	二	二年一月	

	三年一月	二	三	四	五	六
	三年一月	二	三	四	五	六
	二十五	二十六	二十七	二十八	二十九	三十
地，屬項籍。						
	十一	十二	十三	十四	十五	十六
	正月	二月	三月	四月 楚圍王滎陽。	五月	六月
	三年一月	二	三	四	五	六
	四	五	六	七	八	九

七	八
七	八
三十一　王敖薨。	臨江　王驩　索隱
十七	十八
七月　王出滎陽。集解徐廣曰：「項羽、高紀七月出滎陽。」	八月　周苛、樅
七	八
十	十一

203

十	九	
十	九	
三	二	共敖之子，漢虜之，亦在四年十二月。始，敖子。
二十	十九	
四年 十月	九月	公殺魏豹。
十	九	
三年 一月	十二	

十一　漢將韓信破殺龍且。	十二	四年一月	二
十一	十二	四年一月	一
四	五	六	七
趙王張耳始，漢立之。	二	三	四
二十一　漢將韓信擊殺廣。	屬漢，為郡。		齊王韓信
十一月	十二月	正月	二月　立信王齊
十一	十二　一月	四年一月	二
二	三	四	五

	三 漢御史周苛入楚，〔死〕。	四
	三	四
	八	九
	五	六
始，漢立之。	二	三
。	三月 周苛入楚。	四月 王出滎陽。豹死。集解
	三	四
	六	七

	五	六	七
	五	六	七
	十	十一	十二
			淮南王英布始，漢立之
	七	八	九
	四	五	六
徐廣曰：「項羽紀曰王出成皋。」	五月	六月	七月立布爲淮南王。
	五	六	七
	八	九	十

202

八	九	十	十一	十二 誅籍。索隱
八	九	十	十一	十二
十三	十四	十五	十六	十七 漢虜驩。
二	三	四	五	六
十	十一	十二	二年一月	二
七	八	九	十	十一
八月	九月 太公、呂后歸自楚。	五年十月	十一月	十二月
八	九	十	十一	十二
十一	十二	四年一月	二	三

齊王韓信徙楚王。	漢誅項籍在四年十二月。
十三　徙王長沙。	
屬漢，爲南郡。	
七　淮南國	
三　趙國	
十二　徙王楚，屬漢，爲四郡。	
正月　索隱漢王更號皇帝，即位於定陶也。殺項	
五年一月　燕國	
復置梁國。	
四　韓王信徙王代，都馬邑。	
分臨江爲長沙國。	

	二
	屬淮南國。
	八
	四
籍，天下平，諸侯臣屬漢。	二月甲午，更王號，即皇帝位於定陶。
	二
	梁王彭越始。
	五
	衡山王吳芮爲長沙王。索隱吳芮始，改封，

	三	四	五	六	七	八
	九	十	十一	十二	二年一月	二
	五	六	七	八	九　耳薨，謚景王。	趙王
	三月	四月	五月	六月　帝入關。	七月	八月　帝自
	三	四	五	六	七	八
	二	三	四	五	六	七
	六	七	八	九	十	十一
也。	二	三	四	五	六　薨，謚文王。	長沙

	九　王得故項羽將鍾離眛，斬之以聞。
	三
張敖（立）〔始〕，耳子。	二
將誅燕。	九月
	九　反漢，虜荼。索隱：虜臧荼。漢書作四年九月，
	八
	十二
成王臣始，芮子。	二

	十
	四
	三
	後九月　集解徐廣曰：「應閏建寅。」
誤也	燕王盧綰始，漢太尉。
	九
	五年一月
	三

史記卷十七　漢興以來諸侯年表第五

太史公曰：殷以前尚矣（一）。周封五等：公，侯，伯，子，男。然封伯禽、康叔於魯、衞，地各四百里，親親之義（二），褒有德也（三）；太公於齊，兼五侯地（四），尊勤勞也（五）。武王、成、康所封數百，而同姓五十五，地上不過百里，下三十里，以輔衞王室。管、蔡、康叔、曹、鄭，或過或損。厲、幽之後，王室缺（六），侯伯彊國興焉，天子微，弗能正（七）。非德不純，形勢弱也（八）。

【註】（一）尚：很久以前的。言殷代以前的事是很久遠的了。（二）表示對於親近之人的情義。（三）褒：奬勵。（四）以一國而領有五個諸侯之地，言其封地之大也。（五）那是尊敬他有功勞於國家。（六）缺：殘廢，言王室缺廢不全。（七）正：改正其錯誤，糾正其過失。亦可解爲「征」。（八）並不是德行的不善（純），乃是勢力的微弱。

漢興，序二等（一）。高祖末年，非劉氏而王者，若無功上所不置（二）而侯者，天下共誅之。高祖子弟同姓爲王者九國（三），唯獨長沙異姓，而功臣侯者百有餘人。自鴈門（四）、太原（五）以東至遼陽（六），爲燕、代國；常山以南（七），大行左轉（八），度河、濟，阿、甄以東薄海，爲齊、趙國；自陳以西（九），南至九疑（一○），東帶江、淮、穀、泗（一一），薄會稽（一二），爲梁、楚、淮南、長沙國；皆外接於胡、越。而內地北距山以東盡諸侯地（一三），大者或五六郡，連城數十，置百官宮觀，僭於天子。漢獨有三河（一四）、東郡（一五）、潁川（一六）、南陽，自江陵（一七）以西至蜀，北自雲中（一八）至隴西（一九），與內史（二〇）凡十五郡（二一），而公主列侯頗食邑其中。何者？天下初定，骨肉同姓少，故廣彊庶孽（二二），以鎮撫四海，用承衞天子也。

【註】（一）漢家初興的時候，有兩等封爵，功臣大者封王，小者封侯。（二）到了高祖末年，封爵的限制就嚴格的很了，不是劉家的人不能封王；不是有功或主上所位置的人不能爲侯，否則的話，天下共誅之。若：作「及」字解，此句即「非劉氏而王者，及無功上所不置而侯者，天下共誅之」。（三）九國：齊、楚、荊、淮南、燕、趙、梁、代、淮陽。（四）鴈門：郡名，本戰國趙地，秦置郡，今山西舊代州寧武之北部，及朔平南部，大同東部北部，皆其境。鴈門關自古爲戍守重地，與寧武、偏頭，爲山西三關，所謂外三關也。（五）太原、郡名，秦置，今山西舊太原、汾州二府，及

舊保德、平定、忻州皆其地。　（六）遼陽：今遼寧之遼陽縣。　（七）常山：郡名，治地在今河北正定縣南。　（八）太行：卽太行山。在常山以南，太行山以東之地，是齊國與趙國的領域。薄：臨近。薄海，卽近海之地。　（九）陳：河南淮陽。　（一〇）九疑：山名，在湖南寧遠縣南六十里。（一一）東以長江、淮河、穀水、泗水爲帶，言其邊界線之如帶也。穀水：在江蘇碭山縣南，睢水分流也，亦曰碭水。泗水：出山東泗水縣陪尾山，四源並發，故名。今之泗河，歷泗水，曲阜，滋陽，濟寧，流入運河，乃古泗水之上游也。　（一二）會稽：郡名，秦置，今江蘇東部，浙江西部，皆其地，治吳，卽今江蘇蘇州是也。　（一三）距：至也。　（一四）三河：漢以河內、河南、河東爲三河。　（一五）東郡：秦取魏地，置東郡，前直隸大名府，山東東昌府，及長清縣以西，皆是。王先謙漢書補註謂：「魏都大梁，濮陽，黎陽，並是魏之東地，故立郡，名『東郡』」。　（一六）潁川：郡名，秦置，今河南舊許州、陳州、汝寧、汝州諸府州以及禹縣至陽武各縣皆是也。漢因之，治陽翟，故韓都，卽今河南禹縣治。　（一七）江陵：春秋時，楚郢都，今湖北江陵縣。　（一八）雲中：郡名，戰國時，趙地，秦置雲中郡，統陰山以南，今自山西之懷仁、左雲、右玉以北，綏遠綏遠道各縣，蒙古鄂爾多斯左翼，喀爾喀右翼，四子部落，各旗，皆其地。漢分秦雲中郡之東北部，置定襄郡，西南部仍爲雲中郡。治雲中縣，卽今綏遠托克托縣，亦卽趙故城也。　（一九）隴西：郡名，秦置，今甘肅舊蘭州，鞏昌，秦州，諸府州之地，治狄道，在今甘福臨洮縣東北。　（二〇）內史：武帝更名右內史爲京兆尹，左內史爲左馮翊。　（二一）十五郡：河東、河南、河內、東郡、潁川、南陽、南郡、漢中、巴郡、蜀郡、隴西、北地、上郡、雲中、及內史。　（二二）普遍的強化劉家庶孽的力量，以鎭撫四方，保衞中央。

漢定百年之間，親屬益疎（一），諸侯或驕奢，怵邪臣（二），計謀爲淫亂，大者叛逆，小者不軌于法（三），以危其命，殞身亡國。天子觀於上古，然後加惠，使諸侯得推恩分子弟（四）國邑，故齊分爲七（五），趙分爲六（六），梁分爲五（七），淮南分三（八），及天子支庶子爲王，王子支庶爲侯，百有餘焉。吳楚時，前後諸侯或以適削地（九），是以燕、代無北邊郡，吳、淮南、長沙無南邊郡（一〇），齊、趙、梁、楚支郡名山陂海咸納於漢（一一）。諸侯稍微，大國不過十餘城，小侯不過數十里，上足以奉貢職，下足以供養祭祀，以蕃輔京師。而漢郡八九十，形錯諸侯閒，犬牙相臨（一二），秉其阨塞地利（一三），彊本幹，弱枝葉之勢，尊卑明而萬事各得其所矣。

【註】（一）漢家的天下穩定了一百年以後，親屬的關係，越傳越疎遠。（二）怵：音處（ㄔㄨˋ），誘惑，誘惑，誘脅。言諸侯們有的驕奢，被邪臣們所誘惑，計劃爲淫亂之事。（三）軌：遵循，恪守。（四）天子爲防制叛亂，故分化各國的土地，以減削其力量。（五）分齊國爲七國，卽：城陽、濟北、濟南、菑川、膠西、膠東及齊國。（六）分趙國爲六國，卽：河閒、廣川、中山、常山、淸河。（七）分梁國爲五國，卽：濟陰、濟川、濟東、山陽梁。（八）分淮南爲三國，卽：淮南本國及廬江、衡山。（九）適：同「謫」，罪過。卽以犯了罪過而被削地。（一〇）燕、代無管領北邊

郡縣之權，吳、淮南、長沙，無管領南邊郡縣之權，其緣邊兵馬大權，皆由中央另派員管領。（一一）齊、趙、梁、楚、支郡、名山陂海的特產租賦收入，皆歸於中央，各地不能沾其利。（一二）中央直轄的郡縣，交互參雜於諸侯地區之間，使之不能彼此聯繫；且稍有異動，中央卽知，不難隨時撲滅。（一三）秉：同「柄」，掌握控制也。言中央直轄的郡縣，犬牙交錯於諸侯地區之間，控制着地理的險塞扼嶺，各地諸侯在其掌握之下，根本不敢有移動。案：漢代削諸侯之計，起於賈誼，所謂「衆建諸侯而少其力」，此賈誼建議於文帝之言也。至景帝用晁錯之謀，削七國，山東諸侯皆反，於是不得不殺錯以息其怒。至武帝，用主父偃之說，使推恩子弟，分其國邑，乃不削奪而其力自分。

臣遷謹記高祖以來至太初諸侯（一），譜其下益損之時，令後世得覽。形勢雖彊，要之以仁義爲本（二）。

【註】（一）太初：武帝年號，公曆紀元前一〇四年至一〇〇年。（二）形勢雖強大，但必以仁義爲基礎。如其不行仁義，形勢雖強，適足以自速其亡。

漢興以來諸王年表

高祖元年	
楚	索隱高祖五年，封韓信。六年，王弟交也。
齊	索隱四年，封韓信。六年，封子肥。
荊	索隱六年，封劉賈。十一年，賈為英布所殺。其年立吳國。封兄子濞也。
淮南	索隱四年，封英布。十一年反，誅。立子長。
燕	索隱五年，封盧綰。十一年，亡入匈奴。十二年，立子建也。
趙	索隱四年，封張耳。其年薨。明年，子敖立。八年，廢為宣平侯。九年，立子如意也。
梁	索隱五年，封彭越。十一年反，誅。十二年，立子恢。
淮陽	索隱十一年，封子友。後二年，為郡。高后元年，復為國，封惠帝子彊。
代	索隱二年，封韓王信。五年，降匈奴。十一年，立子恒也。
長沙	索隱五年，吳芮薨。六年，子成王臣立。

二

都彭城。

都臨菑。

都吳。

都壽春。

都薊。

都邯鄲。

都淮陽。

都陳。

十一月初王韓信元年。都馬邑。集解：徐廣曰：本紀及表高祖起五

	203 四	204 三	
楚			
齊	初王信元年。故相國。		
荊			
淮南	十月乙丑，初王（武王）		
燕			
趙	初王張耳元年。薨。		
梁			
淮陽			
代	三	二	年始徙信。故韓王孫。
長沙			

	五
	齊王信徙爲楚王元年。反，廢。
	二 徙楚。
英布元年。	二
	〔後〕九月壬子，初王盧綰元年
	王敖元年。敖，耳子。
	初王彭越元年。
	四 降匈奴，國除爲郡。
	二月乙未，初王文王吳芮元年。

	六	
楚	正月丙午，初王交元年。交，高祖	
齊	正月甲子，初王悼惠王肥元年。肥，	
荊	正月丙午，初王劉賈元年。	
淮南	三	
燕	二	
趙	二	
梁	二	
淮陽		
代		
長沙	成王臣元年	薨。

	200	199	198
	七	八	九
弟。	二	三	四來朝。
高祖子。	二	三	四來朝。
	二	三	四
	四	五	六來朝。
	三	四	五
	三	四廢。	初王隱王如意元年。
	三	四	五來朝。
	二	三	四

197

	十	
楚	五 來朝。	
齊	五 來朝。	
荊	五 來朝。	
淮南	七 來朝。反，誅。	
燕	六 來朝。	
趙	二	如意，高祖子。
梁	六 來朝。反，誅。	
淮陽		
代	復置代，都中都。	
長沙	五 來朝。	

十二

六

六

六為英布所殺，國除為郡。

十二月庚午，厲王長元年。長，高祖子。

七集解徐廣曰：「一云十月亡入於匈奴」。

三

二月丙午初王恢元年。恢高祖子。

三月丙寅，初王友元年。友，高祖子。（徙趙）

正月丙子，初王元年。

六

	195
	十二
楚	七
齊	七
吳	更為吳國。十月辛丑，初王濞元年。濞，
淮南	二
燕	〔二〕（三）月甲午，初王靈王建元年。建，
趙	四 死。
梁	二
淮陽	二
代	二
長沙	七

	孝惠元年
	八
	八
高祖兄仲子，故沛侯。	二
	三
高祖子。	二
	淮陽王徙於趙，名友，
	三
	爲郡。
	三
	八

	192	193	
	三	二	
楚	十	九來朝。	
齊	十	九來朝。	
吳	四	三	
淮南	五	四	
燕	四	三	
趙	三	二	元年。是爲幽王。
梁	五	四	
淮陽			
代	五	四	
長沙	二	哀王回元年	

188	189	190	191
七	六	五	四
十四 來朝。	十三	十二	十一 來朝。
初置魯國。			
哀王襄元年	十三 薨。	十二	十一 來朝。
八 來朝。	七	六 來朝。	五
九 來朝。	八	七	六 來朝。
八 來朝。	七	六 來朝。	五
七 來朝。	六	五	四 來朝。
初置常山國。			
九 來朝。	八	七	六
初置呂國。			
復置淮陽國。			
九	八	七	六
六	五	四	三

	187 高后元年
楚	十五
魯	四月（元）〔初〕王張偃元年。偃，高后外孫，
齊	二
吳	九
淮南	十
燕	九
趙	八
常山	四月辛卯，哀王不疑元年。薨。
梁	十
呂	四月辛卯，呂王台元年。薨。
淮陽	四月辛卯，初王懷王強元年。強，惠帝子。
代	十
長沙	七

	二
	六
故趙王敖子。	二
	三
	十
	十一
	十
	九
	七月癸巳，初王義元年。（皇子）
	十一
	十一月癸亥，王呂嘉元年。嘉，
	二
	十一
	恭王右元年

楚	
魯	
齊	
吳	
淮南	
燕	
趙	
常山	哀王弟。義，孝惠子，故襄城侯，〔後〕立為帝。
梁	
呂	肅王子。
淮陽	
代	
長沙	

184	185
四	三
十六	十七
四	三
五	四來朝。
十二	十一
十三	十二
十二	十一
十一	十
五月丙辰，初王朝元年。朝，惠帝	二
十三	十二
三	二
四	三
十三	十二
三	二來朝。

楚	
魯	
齊	
吳	
淮南	
燕	
趙	
常山	子，故軹侯。索隱軹音是章反。軹縣在河內。後文帝以封舅薄昭。
梁	
呂	
淮陽	
代	
長沙	

182	183
六	五
二十、	十九、
六	五
七	六
初置琅邪國。	
十四	十三
十五	十四 來朝。
十四	十三
十三	十二
三	二
十五	十四
嘉廢。七月丙辰，呂產元年。產，	四
初王武元年。武，孝惠帝子，故壺	五 無嗣。
十五	十四
五	四

楚	
魯	
齊	
琅邪	
吳	
淮南	
燕	
趙	
常山	
梁	
呂	肅王弟，故汶侯。索隱汶音汶交。汶水所出，縣名，在沛。又音□也。
淮陽	
代	關侯。
長沙	

七

十二

七

八

王澤元年。故營陵侯。索隱營陵，縣名，屬北海。

十五

十六

十五 絕。

（十四 楚呂產徙梁元年）

四

（十六）徙王趙，自殺。王呂產元年。

呂產徙王梁。（七）〔二〕月丁巳，王太元年。惠

二

十六

六

	180	
	八	
楚	二十三	
魯	八	
齊	九	
琅邪	二	
吳	十六	
淮南	十七	
燕	十月辛丑，初	
趙	初王呂祿元年	
常山	五　非子，誅，	
梁	二　有罪，誅，	
呂	二	帝子。索隱呂太，故昌平侯。縣名，屬上谷也。
淮陽	三　武誅國除。	
代	十七	
長沙	七	

王呂通元年。肅王子，故東平侯。九月誅，

。呂后兄子，胡陵侯。誅，國除。索隱胡陵，縣名，屬山

國除為郡。

為郡。

179

	孝文（前）元年	
楚	二十三	
魯	九　廢為侯。	
齊	十　薨。	
城陽	初置城陽郡。	
濟北	初置濟北。	
琅邪	三　徙燕。	
吳	十七	
淮南	十八	國除。索隱東平縣，屬梁國。
燕	十月庚戌，琅邪王澤	陽也。
趙	十月庚戌，趙王遂元	
河間	分為河閒，都樂成。	
太原	初置太原，都晉陽。	
梁	復置梁國。	
代	十八　為文帝。	
長沙	八	

	二
	夷王郢元年
	文王則元年
	二月乙卯，景王章元
	二月乙卯，王興居元
	國除爲郡。
	十六
	十九
徙燕元年。是爲敬王。	二 薨。
年。幽王子。	二
	二月乙卯，初王文王
	二月乙卯，初王參元
	二月乙卯，初王懷王
	二月乙卯，初王武元
	九

楚	
齊	
城陽	年。章，悼惠王子，故朱虛侯。索隱朱虛，縣名，
濟北	年。興居，悼惠王子，故東牟侯。索隱縣名，屬東萊。
吳	
淮南	
燕	
趙	
河間	辟彊元年。辟彊，趙幽王子。索隱辟音璧。
太原	年。參，文帝子。
梁	勝元年。勝，文帝子。
淮陽	
代	年。武，文帝子。
長沙	

176	177	
四	二	
三	二	
三	二	
共王喜元年	二	屬琅邪。
	爲郡。	
三十	二十九來朝。	
三十一	三十來朝。	
二	康王嘉元年	
四	三	
三	二	
三更爲代王。	二	
三	二	
代王武徙淮陽三年。	復置淮陽國。	
三太原王參更號爲代	二徙淮陽。	
二	靖王著元年	

	175	
	五	
楚	四	薨。
齊	四	
城陽	二	
吳	二十一	
淮南	二十二	
燕	三	
趙	五	
河間	四	
梁	四	
淮陽	四	
代	四	王三年，實居太原，是為孝王。
長沙	三	

174	173
六	七
王戊元年	二
五	六
三	四
二十二	二十三
二十三 王無道，遷蜀，死雍，爲郡。	
四	五
六	七 來朝。
五	六
五	六 來朝。
五	六 來朝。
五	六 來朝。
四	五

	169	170	171	172
	十一	十	九	八
楚	六	五	四	三
齊	十	九	八	七 來朝○
城陽	八 徙淮南○	七	六 來朝○	五
吳	二十七	二十六	二十五	二十四
淮南				
燕	九	八	七	六 來朝○
趙	十一	十	九	八
河間	十	九	八	七 來朝○
梁	十 來朝○	九	八	七
淮陽	十 來朝○	九	八 來朝○	七
代	十 來朝○	九	八	七
長沙	九	八 來朝○	七	六

	十二
	七
	十一來朝。
爲郡，屬齊。	
	十八
	城陽王喜徙淮南元年
	十
	十二來朝。
	十一來朝。
薨，無後。	十一淮陽王武徙梁年，是爲孝王。
徙梁。爲郡。	
	十一
	十

	165	166	167
	十五	十四	十三
楚	十	九	八 來朝。
衡山	初置衡山。		
齊	十四 薨。無後。	十三	十二
城陽	復置城陽國。		
濟北	復置濟北國。		
濟南	分爲濟南國。		
菑川	分爲菑川，都劇。		
膠西	分爲膠西，都宛。集解		
膠東	分爲膠東，都即墨。		
吳	三十一	三十	二十九
淮南	四 徙城陽。	三	二
燕	十三 來朝。	十二 來朝。	十一
趙	十五	十四	十三
河間	哀王福元年。薨，無	十三 薨。	十二
廬江	初置廬江國。		
梁	十四 來朝。	十三	十二
代	十四	十三	十二
長沙	十三	十二	十一

	十六
	十二
	四月丙寅，王勃元年。淮南厲王
	四月丙寅，孝王將閭元年。齊悼
	淮南王喜徙城陽十五年。
	四月丙寅，初王志元年。齊悼惠
	四月丙寅，初王辟光元年。齊悼
	四月丙寅，初王賢元年。齊悼惠
徐廣曰：「樂安有宛縣。」	四月丙寅，初王卬元年。齊悼惠
	四月丙寅，初王雄渠元年。齊悼
	十三
	四月丙寅，王安元年。淮南厲王
	十四
	十六
後國除為郡。	
	四月丙寅，王賜元年。淮南厲王
	十五
	十五
	十四

	162	163	
	二	後元年	
楚	十三	十二	
衡山	三	二	子，故安陽侯。
齊	三	二	惠王子，故陽虛侯。
城陽	十五	十四	
濟北	三	二	王子，故安都侯。
濟南	三	二	惠王子，故扐侯。
菑川	三	二	王子，故武城侯。
膠西	三	二	王子，故平昌侯。
膠東	三	二	惠王子，故白石侯。
吳	三十四	三十三	
淮南	三	二	子，故阜陵侯。
燕	十六	十五	
趙	十八	十七	
廬江	三	二	子，故陽周侯。
梁	十七	十六	
代	十七 薨。	十六	
長沙	十六	十五	

158	159	160	161
六	五	四	三
十七	十六 ○朝來	十五	十四
七	六	五	四
七	六	五	四 ○朝來
十九	十八 ○朝來	十七	十六
七	六	五 ○朝來	四 ○朝來
七	六 ○朝來	五	四 ○朝來
七	六	五	四
七	六 ○朝來	五	四
七	六	五	四
廿七	廿六	廿五	廿四
七 ○朝來	六	五	四
廿	十九	十八 ○朝來	十七
廿二	廿一	廿 ○朝來	十九
七	六	五	四
廿一 ○朝來	廿	十九	十八 ○朝來
四	三	二	恭王登元年
廿 ○朝來	十九	十八	十七

	156	157
	孝景（前）元年	七
楚	十九	十八
魯		
衡山	九	八
齊	九	八
城陽	二十三	二十二
濟北	九	八
濟南	九	八
菑川	九	八
膠西	九	八
膠東	九	八
吳	四十	三十九
淮南	九	八
燕	二十三	二十二
趙	二十四	二十三
河間	復置河閒國。	
廣川	初置廣川，都信	
廬江	九	八
梁	二十三	二十三
臨江	初置臨江，都江	
汝南	初置汝南國。	
淮陽	（初）〔復〕復置淮	
代	六	五
長沙	復置長沙國。	二十二　來朝。薨，無後，國除。

	二
	丰、來朝。
	分楚復置魯國。
	十
	十
	丟
	十來朝。
	十
	十
	十
	十
	罒
	十
	丟
	丢來朝。
	三月甲寅，初王獻王德元年。景
都。	三月甲寅，王彭祖元年。景帝子
	初置中山，都盧奴。
	十
	亖來朝。
（都）〔陵〕。	三月甲寅，初王閼于元年。景帝
	三月甲寅，初王非元年。景帝子
陽國。	三月甲寅，初王餘元年。景帝子
	七
	三月甲寅，定王發元年。景帝子

	三	
楚	二十一 反，誅。	
魯	六月乙亥淮陽王徙魯元年。	
衡山	十一	
齊	十一	
城陽	三十三	
濟北	十一 徙菑川。	
濟南	十一 反，誅。爲郡。	
菑川	十一 反，誅。濟北王志徙菑川	
膠西	十一 反，誅。六月乙亥，于王	
膠東	十一 反，誅。	
吳	四十二 反，誅。	
淮南	十一	
燕	二十四	
趙	二十六 反，誅。爲郡。	
河間	二 來朝。	帝子。
廣川	二 來朝。	。
中山	六月乙亥，靖王勝元年。景	
廬江	十一	
梁	三十五 來朝。	
臨江	二	子。索隱闕音過。
汝南	二	。
淮陽	徙魯。爲郡。	。
代	八	
長沙	二	。

四月己巳	
文王禮元年	
二 來朝。	是為恭王。
十二 徙濟北。	
懿王壽元年	
十四	
衡山王勃徙	
十二	十二年。是為懿王。
二	端元年。景帝子。索隱謚法能優其德曰于。
四月己巳，	
初置江都。	
十二	
十五	
三	
三	
二	帝子。
十二 徙衡山，	
十六	
三 薨，無後	
三 徙江都。	
九	
三	

	立太子
楚	。元王子，故平陸侯。
魯	
衡山	廬江王賜徙衡山（王）元年。
齊	
城陽	
濟北	濟北十二年。是為貞王。
菑川	
膠西	
膠東	初王元年。是為孝武帝。
江都	六月乙亥，汝南王非為江都王元年。是
淮南	
燕	
趙	
河間	
廣川	
中山	
廬江	國除為郡。
梁	
臨江	，國除為郡。
汝南	
代	
長沙	

152

	五	
	二	
	三	
	二	
	二	來朝。
	二十五	
	二十三	薨。
	二十三	
	三	
	二	
為易王。索隱諡法好更故舊為易也。	二	
	二十三	來朝。
	二十六	薨。
	廣川王彭祖徙趙四年	
	四	
	四	徙趙，國除，為信都
	三	
	二十七	
	十	
	四	

		六
楚		三　來朝。薨。
魯		四
衡山		三
齊		三
城陽		二十六
濟北		武王胡元年。
菑川		十四
膠西		四
膠東		三
江都		三
淮南		十四
燕		王定國元年。
趙	。是爲敬肅王。	五
河間		五
廣川	郡。	
中山		四
梁		二十六
臨江		復置臨江國。
代		十六
長沙		五　來朝。

七　十一月乙丑太子廢

安王道元年

五

四

四

二十七

二

十五

五

四　四月丁巳，爲太子。

四

十五

二

六

六

五　來朝。

二十九　來朝。

十一月乙丑，初王閔王榮元年。景帝太子，

十二

六　來朝。

	148	149	
	二	中元年	
楚	三	二，來朝。	
魯	七	六，來朝。	
衡山	六	五	
齊	六	五	
城陽	三十七，來朝。	三十六	
濟北	四	三	
菑川	十七，來朝。	十六，來朝。	
膠西	七	六，來朝。	
膠東	四月乙巳，初王康	復置膠東國。	
江都	六	五	
淮南	十七	十六	
燕	四	三	
趙	八，來朝。	七	
河間	八，來朝。	七	
廣川	四月乙巳，惠王越	復置廣川國。	
中山	七	六	
清河	初置清河，都（濟）		
梁	三十一，來朝。	三十	
臨江	三	二	廢。
代	十四	十三	
長沙	八	七	

	三	
	四	
	八	
	七	來朝。
	七	
	三六	
	五	
	六	
	八	
王寄元年。景帝子。	二	
	七	
	六	
	五	來朝。
	九	
	九	
元年。景帝子。	二	
	八	
〔清〕陽。	三	月丁巳，哀王乘元
	四六	
	四	坐侵廟壖垣爲宮，
	二六	來朝。
	九	

楚	
魯	
衡山	
齊	
城陽	
濟北	
菑川	
膠西	
膠東	
江都	
淮南	
燕	
趙	
河間	
廣川	
中山	
清河	年。景帝子。
常山	
梁	
濟川	
濟東	自殺。國除為南郡。索隱壖音儒緣反。壖垣，廟境外之墟。
山陽	
濟陰	
代	
長沙	

145	146	
五	四	
六 來朝。	五	
十	九	
九	八	
九	八	
三十三	三十二	
七	六	
二十	十九	
十	九	
四 來朝。	三	
九	八	
二十	十九 來朝。	
七	六	
十一	十	
十一	十	
四	三	
十	九 來朝。	
三	二	
（三）〔四〕月丁巳，初	復置常山國。	
三十四	三十三	
分爲濟川國。		
分爲濟東國。		壖，邊也。
分爲山陽國。		
分爲濟陰國。		
十七	十六	
十二 來朝。	十 來朝。	

	144	
	六	
楚	七	
魯	十一	
衡山	十	
齊	十	
城陽	三十三　薨。	
濟北	八	
菑川	二十一	
膠西	十一	
膠東	五	
江都	十	
淮南	二十一	
燕	八	
趙	十二	
河間	十二	
廣川	五	
中山	十一	
清河	四	
常山	二	王憲王舜元年。孝景子。
梁	三十五　來朝。薨。	
濟川	五月丙戌　初	
濟東	五月丙戌，初	
山陽	五月丙戌，初	
濟陰	五月丙戌，初	
代	十八	
長沙	十二	

後元年	
八	
十二	
十一	
十一	
頃王延元年 索隱 頃音	
九	
十三 來朝。	
十二	
六	
十一	
十三	
九 來朝。	
十二 來朝。	
十二 來朝。	
六	
十二	
五	
三	
恭王買元年。孝	
二	王明元年。梁孝王子。
二	王彭離元年。梁孝王子。
二	王定元年。梁孝王子。
二 薨，無後，國	王不識元年。梁孝王子。
十九	
十二	

		142	141
		二	三
楚		九	十
魯		十三	十四
衡山		十二	十三
齊		十二 來朝。	十三
城陽	傾。城陽王子。	二	三
濟北		十 來朝。	十一
菑川		三十三	三十四
膠西		十三	十四
膠東		七	八 來朝。
江都		十二	十三
淮南		三十三	三十四
燕		十 來朝。	十一
趙		十四	十五
河間		十四	十五
廣川		七	八
中山		十三	十四
清河		六	七
常山		四	五
梁	王子。	二	三
濟川		三	四
濟東		三	四
山陽		三	四
濟陰	除。		
代		二十	二十一
長沙		十四	十五

140	139		138	
孝武建元元年	二		三	
十一	十二	來朝。	十三	
十五	十六	來朝。	十七	
十四	十五		十六	
十四	十五		十六	
四	五		六	
十二	十三		十四	
二十五	二十六		二十七	
十五	十六		十七	
九	十		十一	
十四	十五		十六	
二十五	二十六	來朝。	二十七	
十二	十三		十四	
十六	十七		十八	
十六	十七		十八	
九	十		十一	
十五	十六		十七	來朝。
八	九	來朝。	十	
六	七		八	
四	五		六	
五	六		七	明殺中傅。廢遷
五	六		七	
五	六		七	
三十二	三十三		三十四	來朝。
十六	十七		十八	來朝。

	137	
	四	
楚	十四	
魯	十八	
衡山	十七	
齊	十七	
城陽	七	
濟北	十五	
菑川	二十八	
膠西	十八	
膠東	十二	
江都	十七來朝。	
淮南	二十八	
燕	十五	
趙	十九	
河間	十九	
廣川	十二	
中山	十八	
清河	十一	
常山	九來朝。	
梁	七薨。	
濟川	爲郡。	房陵。集解徐廣曰：「一作『太傅』。」
濟東	八	
山陽	八	
代	二十五	
長沙	十九	

136

五

十五、

十九、

十六、

十六、

八

十八、

二十八、

十九、

十三、

十六、

二十八、

十八、

二十、

二十、

繆王元年。集解徐廣曰：「齊立四十五年，以征和元年乙丑有罪病死，謚曰繆。」

十九、

十三、薨，無後，國除為郡。

十

平王襄元年

九

九 薨，無後，國除為郡。

二十八、

二十、

	134	135	
	元光元年	六	
楚	十七	十六	
魯	二十一	二十	
衡山	二十	十九	
齊	二十	十九	
城陽	十。來朝。	九	
濟北	十八	十七	
菑川	三十一	三十	
膠西	二十一	二十。來朝。	
膠東	十五。來朝。	十四	
江都	二十	十九	
淮南	三十一	三十	
燕	十八。來朝。	十七	
趙	二十二	二十一。來朝。	
河間	二十二	二十一	
廣川	三	二	索隱廣川惠王子。諡法名與實乖曰繆。
中山	二十一	二十	
常山	十二	十一	
梁	三	二	
濟東	十一	十	
代	二十八	二十七	
長沙	二十二	二十一	

131	132	133
四	三	二
廿	十九 來朝。	十八 來朝。
廿四	廿三	廿二
廿二	廿一	廿
厲王次昌元年	廿一 卒。	廿
十三	十二	十一
廿一	廿	十九
卅四	卅三	卅二
廿四	廿三	廿二
十八	十七	十六
廿二	廿一	廿
卅四	卅三	卅二
廿一	廿	十九
廿五	廿四	廿三
廿五	廿四	廿三
六	五	四
廿四	廿三 來朝。	廿二 來朝。
十五	十四	十三
六	五	四
十四 來朝。	十三	十二
二	王義元年	廿九
廿五	廿四 來朝。	廿三

	128	129	130
	元朔元年	六	五
楚	襄王注元年	二十二 薨。	二十一
魯	安王光元年	二十六 薨。	二十五
衡山	二十六	二十五	二十四
齊	四	三	二
城陽	十六	十五	十四 來朝。
濟北	二十四 來朝。	二十三	二十二
菑川	二	靖王建元年	三十五 薨。
膠西	二十七	二十六	二十五
膠東	二十一	二十	十九
江都	二十六	二十五	二十四
淮南	三十七	三十六	三十五
燕	二十四 坐禽獸行自	二十三	二十二
趙	二十八	二十七 來朝。	二十六
河間	二	恭王不害元年	二十六 來朝。
廣川	九	八	七
中山	二十七	二十六	二十五
常山	十八	十七	十六
梁	九	八	七
濟東	十七	十六	十五
代	五	四	三
長沙	康王庸元年	二十七	二十六

	二
	二
	二
	二十七
	五 薨，無後，國除為郡。
	十七
	二十五
	三
	二十八 來朝。
	二十三
	王建元年
	二十八
殺。國除為郡。	
	二十九
	三
	十
	二十八
	十九
	十 來朝。
	十六
	六
	二

	124	125	126
	五	四	三
楚	五	四 來朝。	三
魯	五	四	三
衡山	三十	二十九	二十八
城陽	二十	十九	十八
濟北	二十八	二十七	二十六
菑川	六	五	四
膠西	三十一	三十	二十九
膠東	三十五 來朝。	三十四	三十三
江都	四	三	二
淮南	四十一 安有罪，削國。	四十	三十九
趙	三十二	三十一	三十
河間	二	剛王堪元年	四 薨。
廣川	十三	十二	十一
中山	三十一	三十	二十九 來朝。
常山	二十二 來朝。	二十一	二十
梁	十三	十二	十一
濟東	二十一	二十 來朝。	十九
代	九	八	七
長沙	五	四	三

122	123	
元狩元年	六	
七	六	
七	六	
三十二反，自殺，國除。	三十一	
三十一	三十來朝。	
三十	二十九	
八	七	
三十二	三十一	
二十七	二十六	
六	五	
四十二反，自殺。	四十一	二縣。
二十四來朝。	二十三	
四	三	
十五	十四來朝。	
三十二	三十一	
二十四	二十三	
十五	十四	
三十二	三十一	
十一	十	
七	六	

	二
楚	八
魯	八 來朝。
衡山	
城陽	二十三
濟北	二十二
菑川	九
膠西	三十四
膠東	二十八
江都	七 反，自殺。國除為廣陵郡。
六安	置六安國，以故陳為都。七月丙子。集解徐廣
趙	三十五
河間	五
廣川	十六
中山	三十四
常山	二十五
梁	十六
濟東	二十四
代	十二 來朝。
長沙	八 來朝。

曰：「一云壬子。」初王恭王慶元年。膠東王子。

	118	119	120
	五	四	三
楚	十一	十　來朝。	九
魯	十一	十	九
齊	復置齊國。		
城陽	二十六　來朝。薨。	二十五	二十四
濟北	三十四	三十三	三十二　來朝。
菑川	十二　來朝。	十一	十
膠西	三十七	三十六	三十五
膠東	三	二	哀王賢元年
廣陵	更爲廣陵國。		
六安	四	三	二
燕	復置燕國。		
趙	三十八	三十七	三十六
河間	八	七	六
廣川	十九	十八	十七
中山	三十七	三十六	三十五　來朝。
常山	二十八	二十七	二十六
梁	十九	十八	十七
濟東	二十七	二十六　來朝。	二十五
代	十五	十四	十三
長沙	十一	十	九

117	
六	
十二	
十二	
四	月乙巳，初王懷王閎元年。武帝子。
敬	王義元年
三十七	
十二	
二十六	
四	
四	月乙巳，初王胥元年。武帝子。
五	
四	月乙巳，初王剌王旦元年。武帝子。 索隱 論法 暴慢
二十九	
九	來朝。
二十	
二十六	
二十九	來朝。
二十	
二十六	
十六	
十二	

	116 元鼎元年	
楚	十三	
魯	十二	
泗水		
齊	二	
城陽	二	
濟北	三十八	
菑川	十四	
膠西	三十九	
膠東	五	
廣陵	二	
六安	六	
燕	二	無親日剌。
趙	四十	
河間	十	
廣川	二十　來朝。	
中山	三十九	
清河		
常山	三十	
梁	二十	
濟東	二十九　剽攻殺人，遷上庸，國為大河郡。	
代	十七	
長沙	十三	

114	115
三	二
節王純元年	十四 薨。
十五	十四 來朝。
初置泗水，都郯。集解徐廣曰：「泗水屬東海。」	
四	三
四	三
三十六	三十五
十六	十五
四十六	四十五
七	六
四	三
八	七
四	三
四十六	四十五
十六 薨。	十五
三十三	三十二
四十六 來朝。	四十五
復置清河國。	
三十三 薨，子為王。	三十二
三十三	三十二
十九 徙清河。為太原郡。	十八 來朝。
十五 來朝。	十四

	四
楚	二
魯	十六
泗水	思王商元年 集解徐廣曰：「一云勤王商元年。」商，常山憲
齊	五
城陽	五
濟北	二十六
菑川	十七
膠西	四十三
膠東	八
廣陵	五
六安	九
燕	五
趙	四十三
河間	頃王授元年
廣川	二十五
中山	四十三 薨。
清河	二十 代王義徙清河年。是爲剛王。
眞定	更爲眞定國。頃王平元年。常山憲王子。
梁	二十五
長沙	十六

111	112	
六	五	
四	三	
十六	十七	
三	二	王子。
七	六	
七	六	
四十三 來朝。	四十八	
十九	十六	
四十四	四十三	
十	九	
七	六	
十二 來朝。	十	
七	六	
四十五	四十四	
三	二	
三十六	三十五 來朝。	
康王昆侈	哀王昌元年。即年薨。	
三十三	三十二	
三	二	
三十六	三十五	
十六	十七	

楚	
魯	
泗水	
齊	
城陽	
濟北	
菑川	
膠西	
膠東	
廣陵	
六安	
燕	
趙	
河間	
廣川	
中山	元年　索隱按：蕭該云諡法好樂怠政曰康。漢書作「穅」。昆侈，名。
清河	
眞定	
梁	
長沙	

109	110
二	元封元年
六	五
二十	十九
五	四
	八 薨，無後，國除爲郡。
九 薨。	八 來朝。
四十三	四十三
頃王遺元年 索隱 濟南	二十
四十六	四十五
十三	十一
九	八
十三	十三
九	八
四十七	四十六
五	四
二十六	二十七
三	二
三十四	三十三
五	四 來朝。
二十六	二十七
二十	十九

	106	107	108	
	五	四	三	
楚	九	八	七	
魯	三十三朝	三十二	三十一來朝。	
泗水	八	七	六	
城陽	三	二	慧王武元年	
濟北	四十六朝	四十五	四十四	
菑川	四	三	二	王辟光之孫也。
膠西			四十七薨，無後，國除。	
膠東	戴王	二十四	二十三	
廣陵	十二	十一	十	
六安	二十六	二十五	二十四	
燕	十二	十一	十	
趙	四十八	四十七	四十六	
河間	八	七	六	
廣川	三十一	三十	二十九	
中山	六	五	四	
清河	二十七	二十六	二十五來朝。	
眞定	八	七	六	
梁	三十一	三十	二十九	
長沙	三十三	三十二	三十一	

103	104	105	
二	太初元年	六	
十二	十一	十	
三十六	三十五	三十四	泰山。
哀王安世	十 薨。	九	
六	五	四	
四十九	四十八	四十七	泰山。
七	六	五	
四	三	二	通平元年
十五	十四	十三	
十九	十八 來朝。	十七	
十五	十四	十三	
二十三	二十二	二十一	
十一	十	九	
三十四	三十三	三十二	
九 來朝。	八	七	
三十八	三十七	三十六	
十一	十	九 來朝。	
三十四	三十三	三十二	
三十六	三十五	三十四	

楚	
魯	
泗水	元年。即戴王賀元年。安世子。索隱廣川惠王子也。
城陽	
濟北	
菑川	
膠東	
廣陵	
六安	
燕	
趙	
河間	
廣川	
中山	
清河	
眞定	
梁	
長沙	

101	102
四	三
十四	十三
二十八	二十七
三	二
（荒王賀元年）	七（薨）
二十一	二十
九	八
六	五
十七	十六
二十一	二十
十七	十六
三十五	三十四
十三	十二
三十八	三十七
十一	十
三十三	三十二
十三	十二
三十八 來朝。	三十七
二十八 來朝。	二十七

史記卷十八　高祖功臣侯者年表第六

太史公曰：古者人臣功有五品（一），以德立宗廟定社稷曰勳，以言曰勞（二），用力曰功（三），明其等曰伐，積日曰閱（四）。封爵之誓曰：「使河如帶，泰山若厲。國以永寧，爰及苗裔」（五），始未嘗不欲固其根本，而枝葉稍陵夷衰微也（六）。

【註】（一）五品：五等。（二）言：高明的建議。（三）用力作戰，殺敵立功。（四）閥閱：書功狀以榜於門，在門左者曰閥，在門右者曰閱。後世謂巨室豪門，曰「閥閱」。（五）「使你的國家的防衛，如同黃河的環帶那樣的周密；使你的國家的基礎，如同泰山的砥石那樣的穩固。希望你的國家永遠的安定，以及於你的世世代代的子孫。」（這是漢高祖封功臣時的祝囑之辭）。（六）陵夷：慢慢的走下坡以至於衰落，如山陵之逐漸落入於平地也。

余讀高祖侯功臣，察其首封，所以失之者，曰：異哉所聞！書曰「協和萬國」，遷于夏商，或數千歲。蓋周封八百，幽厲之後，見於春秋。尚書有唐虞之侯伯，歷三代千有餘載，自全以蕃衞天子，豈非篤於仁義，奉上法哉？漢興，功臣受封者百有餘人。天下初定，故大城名都散亡，戶口可得而數者十二三，是以大侯不過萬家，小者五六百戶。後數世，民咸歸鄉里，戶益息，蕭、曹、絳、灌之屬或至四萬，小侯自倍，富厚如之。子孫驕溢，忘其先，淫嬖。至太初百年之間，見侯五，餘皆坐法隕命亡國，秏矣（一）。罔亦少密焉，然皆身無兢兢於當世之禁云（二）。

【註】（一）唐虞三代之功臣，皆歷世久遠。漢之功臣自高祖至於武帝，初封侯者有一百四十人，百年之間，存在者只有五個，其他皆坐法、喪命、失國。（二）其所以失國之原因，在於功臣之子孫，生活驕奢，不知遵守法度，而漢代之法網，亦比三代爲密，禁令煩，則犯者多，而況其子孫又不能兢兢翼翼謹守當世之禁？

居今之世，志古之道，所以自鏡也（一），未必盡同（二）。帝王者各殊禮而異務，要以成功爲統紀，豈可緄乎（三）？觀所以得尊寵及所以廢辱，亦當世得失之林也（四），何必舊聞（五）？於是謹其終始，表其文，頗有所不盡本末；著其明，疑者闕之。後有君子，欲推而列之，得以覽焉。

【註】（一）自鏡：自己觀察自己，自我檢討。（二）但是，情形也不一定完全相同。（三）帝

王們都是各有其特殊之禮制與不同的事務，其目的都是以自己的成功為原則，那有一成不變（緄）的呢？（四）看那些功臣們所以得尊寵及其所以失敗而廢辱，亦可以當作現在得失的參考資料。（五）何必一定要取鏡於古人古事？

高祖功臣侯者年表

國名	侯功	高祖十二	孝惠七	高后八	孝文二十三	孝景十六	建元至元封六年三十六，太初元年盡後元二年十八。	侯第
正義此國名匡左行一道，咸是諸侯所封國名也。								索隱姚氏曰：「蕭何第一，曹參二，張敖三，周勃四，樊噲五，酈商六，奚涓七，夏侯嬰八，灌嬰九，傅寬

十，靳歙十一，王陵十二，陳武十三，王吸十四，薛歐十五，周昌十六，丁復十七，蟲逢十八。史記與漢表同。而楚漢春秋則不同者，陸賈記事在高祖、惠帝時。漢書是後定功臣等列，及陳平受呂后命而定，或已改邑號，故人名亦別。且高祖初定唯十八侯，呂后令陳平終竟以下列侯第錄，凡一百四十三人也。」

平陽 索隱 案：漢書地理志平陽縣屬河東。

以中涓 集解 如淳曰：「謁主通書，謂出納君命。石奮爲謁中涓，受陳平謁是也。春秋傳曰涓人疇，

七 六年十二月甲申，懿侯曹參元年。索隱 懿，謚也。

五 其二年爲相國。

二 六年十月，靖侯窋元年。

八

十九

四 後四年，簡侯奇元年。

三

十三 四年，夷侯時 索隱 夷侯時。音止，又音市。案：曹參系家作「時，

十

十六 元光五年，恭侯襄

元鼎三年，今侯宗

二 集解 漢書音義曰：「曹參位第二，表在首，以前後故。」

索隱 漢

漢儀注，天子有中涓如黃門，皆中官也。」

從起沛，至霸上，侯。以將軍入漢，以左丞相出征齊、魏，以右丞相爲平陽侯，萬六百戶。

」今表或作「時」。」案漢書衞青傳平陽侯曹壽尙陽信公主，即此人，當是字訛。

元年。

元年。

元年。

書音義曰：「曹參位第二而表在首，蕭何位第一而表在十三者，以封先後故也。又案：封參在六年十二月，封何在六年正月，高祖十月因秦改元，故十二月在正月前也。」漢表具記位次，而亦

								依封前後錄也。
信武　索隱案：地理志無信武縣，當是後廢故也。	以中涓從起宛、朐，入漢，以騎都尉定三秦，擊項羽，別定江陵，侯，五千三百戶。以車騎將軍攻黥布、陳豨。	七　六年十二月甲申，肅侯靳歙元年。索隱靳，姓也，音紀覲反；歙音攝，又音吸。	七	五　六年，夷侯亭元年。三	十八　後三年，侯亭坐事國人過律，奪侯，國除。			十一
清陽　索隱漢表「清河」。	以中涓從起豐，至霸上，為騎郎將，	七　六年十二月甲申，定侯王吸元年。	七	八	七　元年，哀侯彊元年。十六　八年，孝侯伉元年。	四　五年，哀侯不害元年。十二	七　元光二年，侯不害薨，無後	十四

地理志清陽縣屬清河郡。	汝陰 索隱 汝陰縣屬汝南。凡縣名皆據地理志，不言者，從省文也。
入漢，以將軍擊項羽功，侯，三千一百戶。	以令史從降沛，爲太僕，常奉車，爲滕公，竟定天下，入漢中，全孝惠、魯元，侯，六千九百戶。常爲太僕。
索隱 楚漢春秋作「清陽侯王隆。」	七 六年十二月甲申，文侯夏侯嬰元年。
	七
	八
索隱 彊，其良反。 索隱 伉，苦浪反。	八 七 九年，夷侯竈元年。 八 十六年，恭侯賜元年。
	十六
，國除。	七 元光二年，侯頗元年。 十九 元鼎二年，侯頗坐尚公主，與父御婢姦罪，自殺，國除。
	八

陽陵 索隱 陽陵縣屬馮翊。楚漢春秋作「陰陵」。	以舍人從起橫陽，至霸上，爲（魏）〔騎〕將，入漢，定三秦，屬淮陰，定齊，爲齊丞相，侯，二千六百戶。	七 六年十二月甲申，景侯傅寬元年。	五 六年，（隨）頃侯靖元年。 二	八	十四 十五年，恭侯則元年。 九	三 前四年，侯偃元年。 十三	十八 元狩元年，偃坐與淮南王謀反，國除。	十
廣嚴 索隱 晉書地道記，廣縣在東莞。	以中涓從起沛，至霸上，爲連敖，入漢，以騎將定燕、	七 六年十二月甲申，壯侯召歐元年。 索隱歐，	七	八	十九 二年，戴侯勝元年。 十三 十一年，恭侯嘉元年。			二十八

嚴，謚也。下又云「壯，」班馬二史並誤也。	廣平 索隱 縣名，屬臨淮。
趙，得將軍，侯，二千二百戶。	以舍人從起豐，至霸上，爲郎中，入漢，以將軍擊項羽、鍾離眛功，侯，四千五百戶。
烏后反。	七 六年十二月甲申，敬侯薛歐元年。
	七
	八 元年，靖侯山元年。
至後七年，嘉薨，無後，國除。	十八 五 後三年，侯澤元年。
	八 中二年，有罪，絕。 平棘 五 中五年，復封節侯澤元年。
	十五 其十年，爲丞相。 三 元朔四年，侯穰元年。元狩元年，穰受淮南王財物，稱臣，在赦前，詔問謾罪
	十五

							，國除。	
博陽 索隱 博陽縣在汝南。	以舍人從起碭，以刺客將，入漢，以都尉擊項羽滎陽，絕甬道，擊殺追卒功，侯。	七 六年十二月甲申，壯侯陳濞元年。索隱 楚漢春秋名濆。	七	八	十八 五 後三年，侯始元年。	四 前五年，侯始有罪，國除。 塞二 中五年，復封始。索隱 塞在桃林也。 後元年，始有罪，國除。		十九
曲逆 索隱 縣名，屬中山，章帝改曰蒲	以故楚都尉，漢王二年初從修武，為都尉，遷	七 六年十二月甲申，獻侯陳平元年。	七 其五年，為左丞相。	八 其元年，從為右丞相；後專為丞相，相孝文二	二 三年，恭侯買元年。 二 五年，簡侯悝元年。 十九	四 五年，侯何元年。 十二	十 元光五年，侯何坐略人妻，棄市，國除。	四十七

陰也。	堂邑 索隱縣名，屬臨淮也。
爲護軍中；出六奇計，定天下，侯五千戶。	以自定東陽，爲將，屬項梁，爲楚柱國。四歲，項羽死，屬漢，定豫章、浙江都浙自立爲王壯息，侯，千八百
	七 六年十二月甲申，安侯陳嬰元年。
	七
年。	四 四 五年，恭侯祿元年。
	二 二十一 三年，夷侯午元年。
	十六
除。	十一 元光六年，季須元年。 十三 元鼎元年，侯須坐母長公主卒，未除服，姦，兄弟爭，
	八十六

	周呂 索隱 應劭云：「周呂，國也。」案：「周」及「呂」皆
戶。復相楚元王十一年。索隱 案：漢表作「定浙江都浙自立爲王壯息，侯。玄孫融，以公主子改封隆慮。」音林盧也。	以呂后兄初起以客從，入漢爲侯。還定三秦，將兵先入碭。漢王
	三 六年正月丙戌，令武侯呂澤元年。 四 九年，子台封酈侯元年。
	七
財當死，自殺，國除。	

國名。濟陰有呂都縣。

建成 索隱

之解彭城，往從之，復發兵佐高祖定天下，功侯。

以呂后兄初起以客

元年。索隱令武，謚也。一云「令，邑；武，謚也。」又改封令，令，縣名，在滎陽，出晉地道記。索隱酇音歷。一作「鄜」，音敷，皆縣名。

七

六年正月

二

五

三年

胡陵

七

元（八）

縣名，屬沛縣。

從，擊三秦。漢王入漢，而釋之還豐沛，奉衞呂宣王、太上皇。天下已平，封釋之爲建成侯。索隱呂宣王，呂公謚也。

丙戌，康侯釋之元年。

，侯則元年。有罪。

年，五月丙寅，封則弟大中大夫呂祿元年。

〔七〕年，祿爲趙王，國除。追尊康侯爲昭王。祿以趙王謀爲不善，大臣誅祿，遂滅呂。

留 索隱 韋昭云：「留，今在彭城。」	以廄將從起下邳，以韓申徒下韓國，言上張旗志，秦王恐，降，解上與項羽之郄，爲漢王請漢中地，常計謀平天下，侯，萬戶。	七 六年正月丙午，文成侯張良。索隱 漢表「文平。」案：良傳論「文成」也。元年。	七	二 六 三年，不疑，元年。	四 五年，侯不疑坐與門大夫謀殺故楚內史，當死，贖爲城旦，國除。			六十二
射陽 索隱 縣名，	兵初起，與諸侯共擊秦，爲	七 六年正月丙午，侯	二 三年，侯纏卒、					

射陽（續）	酇
屬臨淮。射，一作「貫。」	酇　索隱酇音贊，縣名，在沛。劉氏云「以何子祿嗣，無後，國除；呂
楚左令尹，漢王與項羽有郄於鴻門，項伯纏解難以破羽纏嘗有功，封射陽侯。	以客初起從入漢，為丞相，備守蜀及關中，給軍食，佐上定諸侯，為法令，立宗廟。
項纏元年，賜姓劉氏。索隱項伯也。	七　六年正月丙午，文終侯蕭何元年。元年，為丞相；九年，為相國。
。嗣子睢有罪，國除。	二 五　三年，哀侯祿元年。
	一 七　二年，懿侯同元年。同，祿弟。
	筑陽 十九　元年，同有罪，封 一　後四年，煬侯遺元 三　後五年，侯則元年。
	一　有罪。 武陽 七　前二年，封煬侯弟 八　中二年，侯勝元年。
	十　元朔二年，侯勝坐 三　元狩三年，封何〔曾〕 酇 三　元狩六年，侯壽成 十　元封四年，壽成為
	一

后封何夫人於南陽酇，」恐非也。	曲周 索隱 縣名，屬廣平。堅紹封。
，侯，八千戶。	以將軍從起岐，攻長社以南，別定漢中及蜀，定三秦，
	七 六年正月丙午，景侯酈商元年。
	七
	八
何小子延元年。索隱 筑音逐，縣名。 年。	二十三 元年，侯寄元年。
幽侯嘉元年。	九 有罪。 繆七 中三年，封商他子靖侯
不敬，絕。 孫恭侯慶元年。 成元年。 太常，犧牲不如令，國除。	九 元光四年， 五 元朔三年， 十二 元鼎二年， 二十六 八 後元二年，

	絳 索隱 縣名，屬河東。子亞夫爲條侯。
擊項羽，侯，四千八百戶。	以中涓從起沛，至霸上，爲侯。定三秦，食邑，爲將軍。入漢，
	七 六年正月丙午，武侯周勃元年。
	七
	八 其四年爲太尉。
	十一 元年，爲右丞相 六 十二年，侯勝之 條 六 後二年，封勃子
堅元年。	十三 其三年，爲太尉；七〔年〕，爲 平曲 三 後元年，封勃子恭侯堅元年。
康侯遂元年。 侯宗元年。 侯終根元年。 侯終根坐咒詛，誅，國除。	十六 元朔五年，侯建德元年。 十二 元鼎五年，侯建德坐酎金，國除。
	四

	舞陽 索隱 縣名，屬潁川。
定隴西，擊項羽，守嶢關，定泗水、東海。八千一百戶。	以舍人起沛，從至霸上，為侯。入漢，定三秦，為將軍，擊項籍，再益封
	七 六年正月丙午，武侯樊噲元年。其七年，為將軍、相國三
	六 一 七年，侯伉元年。呂須子。
	八 坐呂氏誅，族。
，三年，免。復為丞相。 元年。 亞夫元年。	二十三 元年，封樊噲子荒侯市人元年。
丞相，有罪，國除。	六 七年，侯它廣元年。 六 中（五）〔六〕年，侯它廣非市人
	五

	潁陰　索隱 縣名，屬潁川。
。從破燕，執韓信，侯，五千戶。	以中涓從起碭，至霸上，爲昌文君。入漢，定三秦，食邑。以車騎將軍屬淮陰，定齊、淮南及下邑，殺項籍，侯，五千戶。
月。	七　六年正月丙午，懿侯灌嬰元年。
	七
	八
	四　其一，爲太尉；三，爲丞相。 十九　五年，平侯何元年。
子，國除。	九 七　中三年，侯彊元年。
	六　有罪，絕。 九　元光二年，封嬰孫賢爲臨汝侯。 元朔五年，侯賢行賕罪，國除。
	九

汾陰 索隱縣名，屬河東。	
初起以職志擊破秦，入漢，出關，以內史堅守敖倉，以御史大夫定諸侯，比清陽侯，二千八百戶。索隱如淳云：「職志，官名，主	
七 六年正月丙午，悼侯周昌元年。	
三 四 建平四年，哀侯開方元年。	
八	
四 前五年，侯意元年。 十三 有罪，絕。	
安陽 八 中二年，封昌孫左車。	
建元元年有罪，國除。	侯賢元年。
十六	

幡旗。」

國名	梁鄒　索隱縣名屬濟南。
侯功	兵初起，以謁者從擊破秦，入漢，以將軍擊定諸侯功，比博陽侯，二千八百戶。
高祖十二	七　六年正月丙午，孝侯武儒元年。索隱漢表儒作「虎」。
孝惠七	四 三　五年，侯最元年。
高后八	八
孝文二十三	二十三
孝景十六	十六
建元至元封六年三十六	六　元光元年，頃侯嬰齊元年。 三　元光四年，侯山柎元年。索隱柎音夫也。 二十　元鼎五年，侯山柎坐酎金，國除。
太初已後	二十

成 索隱 縣名，屬涿郡。

兵初起，以舍人從擊秦，爲都尉；入漢，定三秦。出關，以將軍定諸侯功，比厭次侯，二千八百戶。

七 六年正月丙午，敬侯董渫元年。索隱 渫音息列反。子赤，封節氏侯。

七 元年，康侯赤元年。

八

二十三

六 有罪，絕。

節氏 五 中五年，復封，康侯赤元年。索隱 節氏，縣名。

三 建元四年，恭侯(霸)〔罷〕軍元年。

五 元光三年，侯朝元年。

十二 元狩三年，侯朝爲濟南太守，與成陽王女

二十五

蓼 索隱 縣名，屬六安。

以執盾前元年，從起碭，以左司馬入漢，為將軍，三以都尉擊項羽，屬韓信，功侯。索隱 即漢五年圍羽垓下，淮陰侯

七　六年正月丙午，侯孔藂元年。索隱 姚氏案：孔子家語云「子武生子魚及子文，文生冣，字子產。」說文以「冣」為「積聚」字

七

八

八　十五　九年，侯臧元年。

十六

十四　元朔三年，侯臧坐為太常，南陵橋壞，衣冠車不得度，國除。索隱 案：孔

通，不敬，國除。

三十

將四十萬自當之，孔將軍居左，費將軍居右是也。費將軍即下費侯陳賀也。

，此作「蓼」不同。

蓼云「臧歷位九卿，爲御史大夫，辭曰：『臣經學，乞爲太常典禮。臣家業與安國，綱紀古訓。』武帝難違其意，遂拜太常典禮，賜如三公。臧子琳位至諸侯，琳子

	費［索隱］費音秘，一音扶未反。縣名，屬東海。
	以舍人前元年從起碭，以左司馬入漢，用都尉屬韓信，擊項羽有功，為將軍，定會稽、浙江
	七　六年正月丙午，圉侯陳賀元年。［集解］徐廣曰：「圉，或作『幽』」。
	七
	八
	二十三　元年，共侯常元年。
	一　二年，侯偃元年。中二 八　中六年，封賀子侯最元 巢四　後三年，最薨，無後，
璜失侯爵。」此云臧國除，當是後更封其子也。	

、湖陽，侯。

年，有罪，絕。
年。
國除。

陽夏　索隱縣名，屬淮陰。

以特將將卒五百人，前元年，從起宛、朐，至霸上，為侯，以游擊將軍別定代，已破臧荼，封豨為陽夏侯。

五

六年，正月丙午，侯陳豨元年。

十年，八月，以趙相國將兵守代。漢使召豨，豨

	隆慮 索隱縣名，屬河內。音林
索隱音虛紀反。	以卒從起碭，以連敖 索隱徐廣
反，以其兵與王黃等略代，自立為（燕）〔王〕。漢殺豨靈丘。	七 六年正月丁未，哀侯周竈元
	七
	八
	十七 六 後二年，侯通
	七 中元年，侯通有罪，國除。
	三十四

閭。隆，避殤帝諱改也。	陽都 索隱 漢志闕，晉書地道記屬琅邪。
以連敖爲典客官也。入漢，以長鈹都尉 索隱 案：以長鈹爲官名。說文云「鈹者，劍刀裝也。」鈹音敷皮反。漢表作「鉟，」音丕也。擊項羽，有功，侯。	以趙將從起鄴，至霸上，爲樓煩將，入漢，定三秦，別
年。索隱 哀，漢表作「克」也。	七 六年正月戊申，敬侯丁復元年。索隱 復音伏。
	七
	五 三 六年，趮侯甯元年。
元年。	九 十四 十年，侯安成元年。
	一 二年，侯安成有罪，國除。
	十七

降翟王，屬悼武王，殺龍且彭城，為大司馬；破羽軍葉，拜為將軍，忠臣，侯，七千八百戶。

新陽

索隱漢表作「陽信」。縣名，屬汝南。

以漢五年用左令尹初從，功比堂邑侯，千戶。

七

六月正月壬子，胡侯呂清元年。

三

四

四年，頃侯（世）〔臣〕元年。

八

六

七年，懷侯義

二

九年，惠侯它

十五

四

五年，恭侯善

五

中三年，侯譚

七

二十八

元鼎五年，侯譚坐酎金，國

八十一

東武 索隱 縣名，屬琅邪郡。	
以戶衞 集解 徐廣曰：「一云『從』。」起薛，屬悼武王，破秦軍杠里，楊熊軍曲遇，入漢，爲越 集解 徐廣曰：「一作『城』。」將軍，定三秦	
七 六年正月戊午，貞侯郭蒙元年。	
七	
五 三 六年，侯它元年。	
二十三	元年。元年。
五 六年，侯它弃市，國除。	元年。元年。
	除。
四十一	

	，以都尉堅守敖倉，爲將軍，破籍軍，功侯，二千戶。							
汁方　集解如淳曰：「汁音什。邡音方。」索隱什邡。縣名，屬廣漢。音十方。汁，又如字。	以趙將前三年從定諸侯，侯，二千五百戶，功比平定侯。齒故沛豪，有力，與上有郄，故晚從。	七　六年三月戊子，肅侯雍齒元年。	二　三年，荒侯巨元年。侯巨元年。五	八	二十三	二　三年，侯野元年。十　中六年，終侯桓元年。四	二十八　元鼎五年，終侯桓坐酎金，國除。	五十七

棘蒲　索隱漢志闕。

以將軍前元年率將二千五百人起薛，別救東阿，至霸上，二歲十月入漢，擊齊歷下軍田既，功侯。

七　六年三月丙申，剛侯陳武元年。

七

八

十六　後元年，侯武薨。嗣子奇反，不得置後，國除。

十三

都昌　索隱漢志闕。

以舍人前元年從起沛，以騎隊（卒）〔率〕先

七　六年三月庚子，莊侯朱軫元年。

七

八　元年，剛侯率元年。

七　十六　八年，夷侯詘元年。

二　元年，恭

五　三年，侯

中元年，

二十三

武彊 索隱漢志闕。

以舍人從至霸上，以騎將入漢。還擊項羽，屬丞相甯，功侯，用將軍擊黥

七 六年三月庚子，莊侯莊不識元年。

七

六

二 七年，簡侯嬰元年。

十七

六 後二年，侯青翟元年。

十六

侯偃元年。

辟彊元年。

辟彊薨，無後，國除。

二十五 元鼎二年，侯青翟坐爲丞相與長史朱買臣等逮御

三十三

	貰 索隱縣名，屬鉅鹿。貰音世，一音時夜反。
布，侯。	以越戶將從破秦，入漢，定三秦，以都尉擊項羽，千六百戶，功比臺侯。
	二 六年，三月庚子，齊侯呂元年。集解徐廣曰：「呂，一作『台』。」索隱 五
	七
	八
	二 元年，煬侯赤元年。 十二 十二年，康侯遺元年。
	十六
史大夫湯不直，國除。	十六 元朔五年，侯倩元年。索隱青練反，又七淨反也。 八 元鼎元年，侯倩坐殺人弃市，國除。
	三十六

	海陽 索隱 海陽，亦南越縣。地理志闕。	
	以越隊將從破秦，入漢定三秦，以都尉擊項羽，侯，千八百戶。	
齊侯呂博國。謚法：「執心克莊曰齊。」	七 六年三月庚子，齊信侯搖毋餘索隱 案：毋餘，東越之族也。元年。	
	二 三年，哀侯招攘元年。索隱 漢表作「昭襄」也。 五	
	四 五年，康侯建元年。 四	
	二十三	
	三 四年，哀侯省元年。 十 中六年，侯省薨，無後，國除。	
	三十七	

南安 索隱 縣名，屬犍爲。建安亦有此縣。	以河南將軍漢王三年降晉陽，以亞將破臧荼，侯，九百戶。索隱 亞將，漢表作「連將」也。	七 六年三月庚子，莊侯宣虎元年。	七	八	八 十一 四 九年，共侯戎元年。後四年，侯千秋元年。	七 中元年，千秋坐傷人免。		六十三
肥如 索隱 縣名，屬遼西。應劭云：「肥子奔	以魏太僕三年初從，以車騎都尉破龍且及彭城，侯，千	七 六年三月庚子，敬侯蔡寅元年。	七	八	二 十四 七 三年，莊侯 後元年，侯	元年，侯奴薨，無後，國除。		六十六

燕，燕封於此。肥，國也；如，往也；因以爲縣也。」	曲城　索隱 曲成縣，漢志闕，表在涿郡。
戶。	以曲城戶將卒三十七人初從起碭，至霸上，爲執珪，爲二隊將，屬悼武王，入漢，定三秦，
	七 六年三月庚子，圉侯蟲逢元年。 索隱 曲城圉侯蟲達。蟲音如字。楚漢春秋云「夜侯蟲達，」蓋
	七
	八
成元年。 奴元元。	八 元年，侯捷元年。有罪，絕。 五 後三年，復封恭侯捷元年。
	十三 有罪，絕。 垣五 中五年，復封恭侯捷元年。
	一 建元二年，侯皋柔元年。 二十五 元鼎三年，侯皋柔坐爲汝南太守知民不用
	十八

		河陽　索隱縣名，屬河內。
	以都尉破項羽軍陳下，功侯，四千戶。爲將軍，擊燕、代，拔之。	以卒前元年起碭從，以二隊將入漢，擊項羽，
	改封也。夜縣屬東萊。又謚法：「威德彊武曰圉。」子恭侯捷封垣，故位次曰「夜侯垣，」亦誤。	七　六年三月庚子，莊侯陳涓元年。
		七
		八
		三　元年，侯 四年，侯信坐不償人責過六
	赤側錢爲賦，索隱不用赤側爲賦。案：時用赤側錢，而汝南不以爲賦也。國除。	
		二十九

身得郎將處，功侯。以丞相定齊地。

信元年。

月，奪侯，國除。

淮陰 索隱縣名，屬臨淮。

兵初起，以卒從項梁，梁死屬項羽為郎中，至咸陽，亡從入漢，為連敖典客，蕭何言為大將軍，別定魏、齊，為王，徙楚，坐擅

五

六年，四月，侯韓信元年。

十一年，信謀反關中，呂后誅信，夷三族，國除。

發兵，廢為淮陰侯。索隱 典客，漢表作「粟客」，蓋字誤。傳作「治粟都尉」，或先為連敖典客也。

芒 索隱 縣名，屬沛。

以門尉前元年初起碭，至霸上，為武定君，入漢，還定三秦，以都尉擊項羽，侯。

三

六年，侯昭元年。集解 徐廣曰：「昭，一作『起』。漢書年表云芒侯耏跖。」索隱 耏跖 音而隻二音

張 十一

孝景三年，昭以故芒侯將兵從太尉亞

三

後元年三月，侯申元年。

十七

元朔六年，侯申坐尚南宮公主。索隱 南宮公主，景帝女，初，南宮侯張坐

	故市 索隱縣名，屬河南。
	以執盾初起，入漢，爲河上守，遷爲假相，擊項羽，侯，千戶，功比平定侯。
，彤又音人才反。字林以多須髮曰彤。彤，姓也。左傳宋有彤班。 九年，侯昭有罪，國除。	三 六年四月癸未，侯閻澤赤元年。 四 九年，夷侯毋害元年。
	七
	八
	十九 後四年，戴侯續元年。 四
夫擊吳楚有功，復侯。	四 孝景五年，侯穀嗣。 十二
尚之，有罪，後張侯彤申尚之也。 不敬，國除。	二十八 元鼎五年，侯穀坐酎金，國除。
	五十五

國名	侯功	高祖	孝惠	高后	孝文	孝景	建元至元封	侯第
柳丘 索隱 縣名，屬渤海。	以連敖從起薛，以二隊將入漢，定三秦，以都尉破項籍軍，爲將軍，侯，千戶。	七 六年六月丁亥，齊侯戎賜元年。	七	四 五年，定侯安國元年。四	二十三	三 四年，敬侯嘉成元年。十 後元年，侯角嗣，有罪，國除。		二十六
魏其 索隱 縣名，屬琅邪。	以舍人從沛，以郎中入漢，爲周信侯，定三秦，遷爲郎中騎將，破籍東城，侯，千戶。	七 六年六月丁亥，莊侯周定元年。	七	四 五年，侯閒元年。四	二十三	二 前三年，侯閒反，國除。		四十四

祁 索隱縣名，屬太原。	以執盾漢王三年初起從晉陽，以連敖擊項籍，漢王敗走，賀方將軍擊楚，追騎以故不得進。漢王顧謂賀：（祁）「子留彭城，（軍）〔用〕執圭東擊羽，急絕其近壁」。	七 六年六月丁亥，穀侯繒賀元年。索隱諡法「行見中外曰穀」。	七	八	十一 十二 十二年，頃侯湖元年。	五 十一 六年，侯它元年。	八 元光二年，侯它坐從射擅罷，不敬，國除。集解徐廣曰：「射。一作『酎』。」	五十一

國名		平　索隱 縣名，屬河南。
侯功	。侯，千四百戶。集解 徐廣曰：「戰彭城，爲尉敗斬將。」又云：「漢王顧歎賀祁戰彭城斬將。」	兵初起，以舍人從擊秦，以郎中入漢，以將軍定諸侯，守洛陽，功侯，比
高祖十二		六　六年六月丁亥，悼侯沛嘉元年。 一　十二年，靖侯奴
孝惠七		七
高后八		八
孝文二十三		十五 八　十六年，侯執元年。
孝景十六		十一　中五年，侯執有罪，國除。
建元至元封六年三十六		
侯第		三十二

	魯　索隱縣名，屬魯國。
費侯賀，千三百戶。	以舍人從起沛，至咸陽爲郎中，入漢，以將軍從定諸侯，侯，四千八百戶，功比舞陽侯。死事，母代侯。
元年。	七　六年中，母侯疵元年。
	七
	四　五年，母侯疵薨，無後，國除。
	七

	故城 索隱漢表作「城父」，屬沛郡。
集解徐廣曰：「漢書云魯侯涓，涓死無子，封母疵。」索隱涓無子，封（中）母侯疵也。	兵初起，以謁者從，入漢，以將軍擊諸侯，以右丞相備守淮陽功，比厭次侯，二千戶。
	七 六年中，莊侯尹恢元年。
	二 五 三年，侯開方元年。
	二 三年，侯方奪侯，爲關內侯。
	二十六

任 索隱 縣名，屬廣平。	以騎都尉漢五年從起東垣，擊燕、代，屬雍齒，有功，侯。爲車騎將軍。	七 六年，侯張越 索隱 任侯張（成）「戉」。漢表作「張越」。元年。	七	二 三年，侯越坐匿死罪，免爲庶人國除。				
棘丘 索隱 漢志棘丘地闕。	以執盾隊史前元年從起碭，破秦，以治粟內史入漢，以上郡守擊定西魏地，功侯。	七 六年，侯襄 索隱 襄，名也。史失姓及謚。元年。	七	四 四年，侯襄奪侯，爲士伍，國除。				

阿陵 索隱 縣名，屬涿郡。	以連敖前元年從起單父，以塞疏入漢 集解 徐廣曰：「一云『塞路』，一云『以衆入漢中』」。索隱 起單父塞路入漢，一云「塞疏，」一云「以衆疏入漢。」案：「塞路」字誤爲「疏」。小顏云「主遮塞要路也。」	七　六年七月庚寅，頃侯郭亭元年。	七	八	二　三年，惠侯歐元年。　二十一	一　八　前二年，侯勝客元年。有罪，絕。　南　四　中六年，靖侯延居元年。	十一　元光六年，侯則元年。　十七　元鼎五年，侯則坐酎金，國除。	二十七
昌武	初起以舍人從，以	七　六年七月	五　二　六年	八	二十三	十　六　中四	十　元光　四　元朔	四十五

索隱　漢志昌武闕。	高苑　索隱　高苑，縣名，屬千乘。
郎中入漢，定三秦，以郎中將擊諸侯，侯，九百八十戶，比魏其侯。	初起以舍人從，入漢，定三秦，以中尉破籍，侯，千六百戶，比斥丘侯。
庚寅，靖信侯單甯元年。索隱　單甯音善佞。	七　六年七月戊戌，制侯丙倩元年。索隱　倩音七淨反。
，夷侯如意元年。	七　元年，簡侯得元年。
	八
	十五　八　十六年，孝侯武元年。
年，康侯賈成元年。	十六
五年，侯得元年。三年，侯得坐傷人二旬內死，弃市，國除。	二　建元元年，侯信元年。建元三年，侯信坐出入屬車閒，
	四十一

							奪侯，國除。	
宣曲 索隱漢志闕。	以卒從起留，以騎將入漢，定三秦，破籍軍滎陽，為郎騎（將），破鍾離眛軍固陵，侯，六百七十戶。	七 六年七月戊戌，齊侯丁義元年。	七	八	十 十三 十一年，侯通元年。	四 有罪，除。 發婁 中五年，復封，侯通元年。 中六年，侯通有罪，國除。		四十三
絳陽	以越將從起留，入漢，定三	七 六年七月戊戌，齊	七	八	三 十六 四 四後 年四	三 （前） 四年，		四十六

索隱 漢志闕，漢表作「終陵」也。	東茅　索隱 漢志闕。一作「柔」也。
秦，擊臧荼，侯，七百四十戶。從攻馬邑及布。	以舍人從〔起〕碭，至霸上，以二隊入漢，定三秦，以都尉擊項羽，破臧荼，侯。捕韓信，
侯華無害元年。	七　六年八月丙辰，敬侯劉釗元年。
	七
	八
，恭侯勃齊元年。 年，侯祿元年。	二　三年，侯吉元年。 十三　十六年，侯吉奪爵，國除。
侯祿坐出界，有罪，國除。	
	四十八

斥丘 索隱 縣名，屬魏郡。	
以舍人從起豐，以左司馬入漢，以亞將攻籍，剋敵，為東郡都尉，擊破籍武城，（侯）為漢中尉，擊布，為斥丘侯，集解 徐廣曰：「一云	為將軍，益邑千戶。
七 六年八月丙辰，懿侯唐厲元年。	
七	
八	
八 十三 九年，恭侯鼂元年。 二 後六年，侯賢元年。	
十六	
二十五 元鼎二年，侯尊元年。 三 元鼎五年，侯尊坐酎金，國除。	
四十	

		臺 索隱 案：臨淄郡有臺鄉縣。
	『城武』。」索隱 破籍武城，初爲武城侯；後擊布，改封斥丘。千戶。	以舍人從起碭，用隊率入漢，以都尉擊籍，籍死，轉擊臨江，屬將軍賈，功侯。以將軍擊燕。
		七 六年八月甲子，定侯戴野元年。
		七
		八
		三 四年，侯才元年。 二十
		二 三年，侯才反，國除。
		三十五

安國 索隱 縣名，屬中山。

以客從起豐，以廄將別定東郡、南陽，從至霸上。入漢，守豐。上東，因從戰不利，奉孝惠、魯元年（淮）〔睢〕水中，及堅守豐，（于）〔封〕雍侯，五千戶。

七 六年八月甲子，武侯王陵元年。定侯安國。

七 其六年，爲右丞相。

七

一 八年，哀侯忌元年。

二十三 元年，絳侯游元年。集解 徐廣曰：「游，一作『昭』。」

十六

二十 建元元年，三月，安侯辟方元年。

八 元狩三年，侯定元年。元鼎五年，侯定坐酎金，國除。

十二

樂成 索隱 漢志闕。	以中涓騎從起碭中，爲騎將，入漢，定三秦，侯。以都尉擊籍，屬灌嬰，殺龍且，更爲樂成侯，千戶。	七 六年八月甲子，節侯丁禮元年。	七	八	四 十八 五年，夷侯馬從元年。 一 後七年，武侯客元年。	十六	二十五 元鼎二年，侯義元年。 三 元鼎五年，侯義坐言五利侯不道，弃市，國除。	四十二
辟陽 索隱 縣名，屬信都。	以舍人初起，侍呂后、孝惠沛三歲十月，呂后入楚，食	七 六年八月甲子，幽侯審食其元年。	七	八	三 二十 四年，侯平元年。	二 三年，平坐反，國除。		五十九

	其從一歲，侯。							
安平【索隱】縣名，屬涿郡。	以謁者漢王三年初從，定諸侯，有功（秩）（秩），舉蕭何，功侯，二千戶。	七 六年八月甲子，敬侯諤千秋元年。	二 孝惠三年，簡侯嘉元年。 五	七 八年，頃侯應元年。 一	十三 十四年，煬侯寄元年。 十	十五 後三年，侯但元年。 一	十八 元狩元年，坐與淮南王女陵通，遺淮南書稱臣盡力，弃市，國除。	六十一
蒯成	以舍人從起沛，至霸上，侯。入漢，	七 六年八月甲子 十二年	七	八	五 緤薨，子昌代。有罪，絕，	鄲一 中元年，封緤 中二年，侯中 八	二十六 元鼎三年，居	二十二

索隱漢志闕，晉書地道記屬北地。案：緤封池陽，後定封蒯成。音苦壞反。小顏音普肯反。

定三秦，食邑池陽。擊項羽軍滎陽，絕甬道，從出，度平陰，遇淮陰侯軍襄國。楚漢約分鴻溝，以緤為信，戰不利，不敢離上，侯，三千三百戶。

，尊侯周緤元年。

十月乙未，定蒯成。

國除。

子康侯應元年。索隱緤子紹封鄲。案：漢志屬沛郡，如淳引闞駰州志音多。

居元年。索隱中音仲

坐為太常有罪，國除。

北平 索隱 縣名，屬中山。	以客從起陽武，至霸上，為常山守，得陳餘，為代相，徙趙相，侯。為計相四歲，淮南相十四歲。千三百戶。	七 六年八月丁丑，文侯張倉元年。	七	八	二十三 其四為丞相 索隱 為計相也。五歲罷。 五	八 六年，康侯奉元年。 三 後元年，侯預元年。	四 建元五年，侯預坐臨諸侯喪後，不敬，國除。	六十五
高胡 索隱 漢志闕。	以卒從起杠里，入漢，以都尉擊籍，以都尉定燕，侯。	七 六年中，侯陳夫乞元年。	七	八	四 五年，殤侯程嗣。薨，無後，國除。			八十二

	千戶。							
厭次 索隱 漢志闕；晉書地道記屬平原，後乃屬樂陵國也。	以慎將前元年從起留，入漢，以都尉守廣武，功侯。	七 六年中，侯元頃元年。集解 徐廣曰：「漢書作『爰類』。」	七	八	五 元年，侯賀元年。 六年，侯賀謀反，國除。			二十四
平皋 索隱 縣名，屬河內。	項它，漢六年以碭郡長初從，賜姓爲劉氏；功比戴侯彭祖，五百八十戶。	六 七年十月癸亥，煬侯劉它元年。	四 三 五年，恭侯遠元年。	八	二十三	十六 元年，節侯光元年。	二十八 建元元年，侯勝元年。 元鼎五年，侯勝坐酎金，國除。	百二十一

國名	復陽 索隱縣名，屬南陽。復音伏。應劭云：「在桐柏山下，復水之陽也。」	陽河 索隱縣名，屬上黨。
侯功	以卒從起薛，以將軍入漢，以右司馬擊項籍，侯，千戶。	以中謁者從入漢，以郎中騎從定諸侯，五百戶，功比高胡侯。
高祖十二	六 七年十月甲子，剛侯陳胥元年。	三 七年十月甲子，齊哀侯元年。 三 十年，侯安國
孝惠七	七	七
高后八	八	八
孝文二十三	十 十三 十一年，恭侯嘉元年。	二十三
孝景十六	五 十一 六年，康侯拾元年。	十 六 中四年，侯午元年。中絕。
建元至元封六年三十六	十二 元朔元年，侯彊元年。 七 元狩二年，坐父拾非嘉子，國除。	二十七 元鼎四年，恭 埤山三 元封元年，侯 二十 征和三年，十
侯第	四十九	八十三

朝陽		
以舍人從起薛，以		
七年三月	六	元年。索隱陽河齊侯卞訢；漢表作「其石。」
	七	
元年，文侯	八	
十四	十三 十	
	十六	
元朔三	十三	侯章元年。索隱埤音卑。 仁元年。 月，仁與母坐祝詛，大逆無道，國除。
	六十九	

索隱 縣名，屬南陽。	棘陽 索隱 棘音紀力反，縣名，屬南陽。
連敖入漢，以都尉擊項羽，後攻韓王信，侯，千戶。	以卒從起胡陵，入漢，以郎將迎左丞相軍以擊（諸侯）〔項籍〕，侯，千戶。
（丙）〔壬〕寅，齊侯華寄元年。	六 七年七月丙（辰）〔申〕，莊侯杜得臣元年。索隱 壯侯
	七
要元年。	八
年，侯當元年。	五 十八 六年，質侯但元年。
	十六
年，侯當坐教人上書枉法罪，國除。	九 元光四年，懷侯武元年。 七 元朔五年，侯武薨，無後，國除。
	八十一

涅陽 索隱 縣名，屬南陽。	以騎士漢王二年從出關，以郎將擊斬項羽，侯，千五百戶，比杜衍侯。	六 七年中，莊侯索隱壯侯。案：五侯斬項籍，皆謚「壯」。漢表以爲「莊」。皆避諱改作「嚴」，誤也。呂勝元年。	七	八	四 五年，莊侯子成實非子，不當爲侯，國除。			百四
平棘 索隱 縣名，屬常山。	以客從起亢父，斬章邯所署蜀守，用燕相侯，千戶。	六 七年中，懿侯執元年。集解 徐廣曰：「漢表作『林摯』。」	七	七 一 八年，侯辟彊元年。	五 六年，侯辟彊有罪，〔爲〕鬼薪，國除。			六十四

		』」						
羹頡	以高祖兄子從軍，擊反韓王信，爲郎中將。信母嘗有罪高祖微時，太上憐之，故封爲羹頡侯。	六 七年中，侯劉信元年。	七	元年，信有罪，削爵一級，爲關內侯。				
深澤 索隱 縣名，屬中山。	以趙將漢王三年降，屬淮陰侯，定趙、齊、楚	五 八年十月癸丑，齊侯趙將夜元年。	七	一 奪，絕。三年復封，一年絕。	四 十四年，復封將夜 六 後二年，戴侯頭元	二 三年，侯 七 中五年， 更五	十六 元朔五年，夷侯胡薨，無後，國除。	九十八

	柏至　索隱漢志闕
，以擊平城，侯，七百戶。	以駢憐從起昌邑，以說衞入漢，以中尉擊籍，侯，千戶。集解漢表師古曰：「二馬曰駢憐。
索隱漢表作「將夕。」	六　七年（七）〔十〕月戊辰，靖侯許溫元年。索隱漢表作「許盎」。
	七
	一　二年，有罪，絕。 六　三年，復封溫如故。
元年。 年。	十四　元年，簡侯祿元年。 九　十五年，哀侯昌元年。
循元年。罪，絕。 封頭子夷侯胡元年。	十六
	七　元光二年，共侯） 十三　元狩三年，侯福元 五　元鼎二年，侯福有
	五十八

中水 索隱縣名，屬涿郡	
以郎中騎將漢王元年從起好時，以司	，謂騈兩騎爲軍翼也。說，讀曰稅。說衞謂軍行止舍主爲衞也。」索隱姚氏憐鄰聲相近，騈鄰猶比鄰也。說衞者，說，稅也，稅衞謂軍行初稅之時，主爲衞也。
六 七年正月己酉，莊侯	
七	
八	
九 三 十年， 十一 十三年	
十六	
五 建元六 一 元光元 二十三 元鼎五	如安（〔安如〕元年。 年。 罪，國除。
百一	

。應劭云：「易、溷二水之中。」	杜衍 索隱 縣名，屬南陽。
馬擊龍且，（後）〔復〕共斬項羽，侯，千五百戶。	以郎中騎漢王三年從起下邳，屬淮陰，從灌嬰共斬項羽，侯，千
索隱 壯侯 呂馬童元年。	六 七年正月己酉，莊侯王翳元年。索隱 漢表作「王翥」也。
	七
	五 三 六年，共侯福元年。
夷侯假元年。 ，共侯青肩元年。	四 七 十二 五年，侯市臣 十二年，侯翕
	十二 有罪，絕。 三 後元年，復封翳子彊，侯郢人元年。集解
年，靖侯德元年。 年，侯宜成元年。 年，宜成坐酎金，國除。	九 元光四年，侯定國元年。 十二 元狩四年，侯定國有罪，國
	百二

	赤泉 索隱 漢志闕
七百戶。	以郎中騎漢王二年從起杜，屬淮陰，後從灌嬰共斬項羽，侯，千九百戶。
	六 七年正月己酉，莊侯楊喜元年。
	七
	七 元年，奪，絕。 二年，復封。
元年。 元年。	十一 十二 十二年，定侯殷元年。
徐廣曰：「彊」，一作『景』。」	三 四年，侯無害元年。 六 有罪，絕。 五 臨汝 中五年，復封侯無害元年。
除。	七 元光二年，侯無害有罪，國除。
	百三

國名	栒　索隱縣名，屬扶風，音荀，故周文王封其子之邑。河東亦有郇城也。	武原　索隱漢志闕。
侯功	以燕將軍漢王四年從曹咎軍，爲燕相，告燕王荼反，侯，以燕相國定盧奴，千九百戶。	漢七年，以梁將軍初從擊韓信、陳豨、黥布功，侯，二千八百戶，功比高
高祖十二	五　八年十月丙辰，頃侯溫疥元年。	五　八年十二月丁未，靖侯衞胠元年。索隱漢表胠作「胈」，音脅，又音怯。
孝惠七	七	三　四　四年，共侯寄元年。
高后八	八	八
孝文二十三	五　十七　一　六年，文侯仁元年。後七年，侯河元年。	二十三
孝景十六	十　中四年，侯河有罪，國除。	三　四年，侯不害元年。　十三　後二年，侯不害坐葬過律，國除。
建元至元封六年三十六		
侯第	九十一	九十三

陵。

磨 索隱 磨，漢志闕，表作「歷。」歷縣在信都。劉氏依字讀，言天下地名多，既無定證，且依字是不決之詞，地之與邑並無	以趙衞將軍漢王三年從起盧奴，擊項羽敖倉下，為將軍，攻臧荼有功，侯，千戶。	五 八年七月癸酉，簡侯程黑元年。	七	二 六 三年，孝侯釐元年。	十六 七 後元年，侯竈元年。	七 中元年，竈有罪，國除。		九十二

「磨」，誤也。

稾 索隱 漢志稾縣屬山陽也。

高帝七年，為將軍，從擊代陳豨有功，侯，六百戶。

五 八年十二月丁未，祗侯陳錯元年。索隱 漢表作「鍇」，音楷。三倉云：「九江人名鐵曰『鍇』。」

二

五 三年，懷侯嬰元年。

八

六

十四 七年，共侯應元年。

三 後五年，侯安元年。

十六

十二 不得千秋父。集解 徐廣曰：「千秋父以元朔元年立。」

七 元狩二年，侯千秋元年。

九 元鼎五年，侯千秋坐酎金，國除。

百二十四

宋子 索隱 漢志宋子縣屬鉅鹿也

以漢三年以趙羽林將初從，擊定諸侯，功比磨侯，五百四十戶。

四 八年十二月丁卯，惠侯許瘛元年。集解 瘛音充志反。索隱 音尺制反。郭璞音胡計反。亦作

一 十二年，共侯不疑元年。

七

八

九

十四 十年，侯九元年。

八 中二年，侯九坐買塞外禁物罪，國除。

九十九

		「⿱厥心」，字林音巨月反。						
猗氏 索隱 縣名，屬河東	以舍人從起豐，入漢，以都尉擊項羽，侯，二千四百戶。	五 八年三月丙戌，敬侯陳遬元年。索隱 遬音速。	六 一 七年，靖侯交元年。	八	二十三	二 三年，頃侯差元年。薨，無後，國除。		五十
清 索隱 縣名，屬東郡	以弩將初起，從入漢，以都尉擊項羽、代，侯，比彭侯，千戶。	五 八年三月丙戌，簡侯空中元年。集解 徐廣曰：「空，	七 元年，頃侯聖元年。	八	七 十六 八年，康侯鮒元年。	十六	二十 元狩三年，恭 七 元鼎四年，侯 一 元鼎五年，生	七十一

	彊 索隱 漢志彊闕。
	以客吏初起，從入漢，以都尉擊項羽、代，侯，比彭侯，千戶。
一作『窒』。」索隱 清簡侯空中同。空，一作「窒」，窒中，姓，見風俗通。	三 八年三月丙戌，簡侯留勝元年。 二 十一年，戴侯章元年。
	七
	八
	十二 十三年，侯服元年。 二 十五年，侯服有罪，國除。
侯石元年。 生元年。 坐酎金國除。	
	七十二

彭 索隱漢表屬東海郡	以卒從起薛，以弩將入漢，以都尉擊項羽、代，侯，千戶。	五 八年三月丙戌，簡侯秦同元年。	七	八	二 二十一 三年，戴侯執元年。	二 十一 三年，侯武元年。後元年，侯武有罪，國除。		七十
吳房 索隱縣名，屬汝南	以郎中騎將漢王元年從〔起〕下邽，擊陽夏，以都尉斬項羽，有功，侯，七百戶。	五 八年三月辛（巳）〔卯〕，莊侯楊武元年。	七	八	十二 十一 十三年，侯去疾元年。	十四 後元年，去疾有罪，國除。		九十四

甯 索隱 漢表甯陽屬濟南也。	以舍人從起碭，入漢，以都尉擊臧荼功，侯，千戶。	五 八年四月辛（卯）〔酉〕，莊侯魏選元年。	七	八	十五 八 十六年，恭侯連元年。	三 元年，侯指元年。 四年，侯指坐出國界，有罪，國除。		七十八
昌 索隱 縣名，屬琅邪。	以齊將漢王四年從淮陰侯起無鹽，定齊，擊籍及韓王信於代，侯，千戶。	五 八年六月戊申，圉侯盧卿元年。 索隱 漢表姓「旅」，旅即「盧」，古「旅弓」	七	八	十四 九 十五年，侯通元年。	二 三年，侯通反，國除。		百九

」字亦然也

共 索隱縣名，屬河內	
以齊將漢王四年從淮陰侯起臨淄，擊籍及韓王信於平城，有功，侯，千二百戶。	
五 八年六月壬子，莊侯盧罷師元年。	
七	
八	
六 七年，惠侯黨元年。 八 十五年，懷侯商元年。 五 後四年，侯商薨，無後，國除。	
百十四	

闕氏 索隱 縣名，屬安定。
以代太尉漢王三年降，爲鴈門守，以特將平代反寇，侯，千戶。索隱 漢表太尉作「大與」。大與，爵名，音泰也。
四　八年六月壬子，節侯馮解敢元年。　一十二年，恭侯它元年。薨，無後，絕。
十四　二年，封恭侯遺腹子文侯遺元年。　八　十六年，恭侯勝之元年。
五　前六年，侯平元年。　十一
二十八　元鼎五年，侯平坐酎金，國除。
百

安丘 索隱 安丘，縣名，屬北海也。	合陽 索隱 合陽屬馮翊。
以卒從起方與，屬魏豹，二歲五月，以執鈹入漢，以司馬擊籍，以將軍定代，侯，三千戶。	高祖兄。兵初起，侍太子守豐，天下已平，以六年正月立仲爲代
五 八年七月癸酉，懿侯張說元年。索隱 音悅	五 八年九月丙子，侯劉仲元年
七	二 仲子濞，爲吳王。 以子吳王故，尊仲謚爲代頃
八	
十二 十三年，恭侯奴元年。 十一	
二 三年，敬侯執元年。 一 四年康侯訢元年。 十三	
十八 元狩元年，侯指元年。 九 元鼎四年，侯指坐入上林謀盜鹿，國除。	
六十七	

襄平 索隱 縣名，屬臨淮	
兵初起，紀成以將軍從擊破秦，入漢，定三秦，功（定平）（比平定）侯。戰好時，死事。子通襲成	王。高祖八年，匈奴攻代，王弃國亡，廢爲合陽侯。
五 八年（後）九月丙午，侯紀通元年。	集解 徐廣曰：「一名『嘉』。」 索隱 仲名嘉，高祖弟
七	侯。
八	
二十三	
九 七 中三年，康侯相夫元年。	
十二 元朔元年，侯夷吾元年。 十九 元封元年，夷吾薨，無後，國除。	

	功，侯。							
龍 索隱 廬江有龍舒縣，蓋其地也。	以卒從，漢王元年起霸上，以謁者擊籍，斬曹咎，侯，千戶。	五 八年後九月己未，敬侯陳署元年。	七	六 二 七年，侯堅元年。	十六 後元年，侯堅奪侯，國除。			八十四
繁 索隱 地理志有繁陽。恐別有繁縣，志闕。	以趙騎將從，漢三年，從擊諸侯，侯，比吳房侯，千五百戶。	四 九年十一月壬寅，莊侯彊瞻元年。索隱 漢表作「平嚴侯張瞻」，此作「強瞻」。	四 三 五年，康侯昫獨元年。集解 一云「侯悼」。	八	二十三	三 六 四年，侯寄元年。 七 中三年，侯安國元	十八 元狩元年，安國爲人所殺，國除。	九十五

陸梁 索隱 陸量。如淳據始皇紀所謂「陸量地」。案今在江南也。	詔以為列侯，自置吏，受令長沙王。	三 九年三月丙辰，侯須毋元年。索隱 漢表作「須無」。 一 十二年，共侯桑元年。	七	八	十八 後三年，康侯慶忌元年。 五	元年，侯冄元年。 十六	二十八 元鼎五年，侯冄坐酎金，國除。	百三十七
高京 集解 徐廣曰：「一作『景』。」	周苛起兵，以內史從，擊破秦，為御史大夫，入漢，圍	四 九年四月（丙）〔戊〕寅，侯周成元年。	七	八	二十 後五年，坐謀反，繫死，國除，絕。	繩 中元年，封成孫應元年。 侯平嗣，不得元。	元狩四年，平坐為太常不繕治園陵，不敬，國	六十

索隱 漢志闕	離 索隱 漢志闕
取諸侯，堅守滎陽，功比辟陽。苛以御史大夫死事。子成爲後，襲侯。	失此侯始所起及所絕。索隱 案：楚漢春秋亦闕。漢表成帝時光祿大夫滑堪日旁占驗，曰「鄧弱以長沙將兵侯。」
	九年四月戊寅，鄧弱元年
除。	

	是所起也。							
義陵 索隱徐廣曰：「一作『義陽』。」索隱義陽，在汝南	以長沙柱國侯，千五百戶。	四 九年九月丙子，侯吳程元年。	三 四 四年，侯種元年。	六 七年，侯種薨，無後，國除。皆失謚。				百三十四
宣平 索隱楚漢春秋「南宮侯張耳，」此作宣平侯敖。敖，	兵初起，張耳誅秦，為相，合諸侯兵鉅鹿，破秦定趙，為常山王。陳餘反，	四 九年四月，武侯張敖元年。	七	六 信平 薨，子偃為魯王，國除。集解徐廣曰：「改封信平。」	十五 元年，以故魯王為南宮侯。 八 十六年，哀侯歐元年。	九 七 中三年，侯生元年。	七 罪，絕。 十八 睢陽 元光三年，封偃 十三 元鼎二年，侯昌	三

耳子。陳平錄第時，耳已薨故也。

襄耳，弃國，與大臣歸漢，漢定趙，爲王。卒，子敖嗣。其臣貫高不善，廢爲侯。

孫侯廣元年。

元年。太初三年，侯昌爲太常，乏祠，國，

	東陽 索隱 縣名，屬臨淮	開封 索隱 縣名，屬河南
	高祖六年，爲中大夫，以河閒守擊陳豨力戰功，侯，千三百戶。	以右司馬漢王五年初從，以中尉擊燕
	二 十一年十二月癸巳，武侯張相如元年。	一 十一年十二月 一 十二年
	七	七
	八	八
	十五 五 十六年，共侯殷元年。 三 後五年，戴侯安國元年。	二十三
	三 四年，哀侯彊元年。 十三	九 景帝時，爲丞 七 中三年，節侯
除。	建元元年，侯彊薨，無後，國除。	十 元光五年，侯 十八 元鼎五年，侯
	百十八	百十五

	沛 索隱縣名，屬沛郡
，定代，侯，比共侯，二千戶。	高祖兄合陽侯劉仲子，侯。
丙辰，閔侯陶舍元年。 ，夷侯青元年。	一　十一年十二月癸巳，侯劉濞元年。 十二年十月辛丑，侯濞為吳
相。 偃元年。	
睢元年。 睢坐酎金，國除。	

	愼陽 索隱 愼陽，屬汝南。如淳曰：「音震。」闞駰云：「合作『滇陽』，永平五年，失印更刻，遂
	爲淮陰舍人，告淮陰侯信反，侯，二千戶。
王，國除。	二 十一年十二月甲寅，侯欒說元年。索隱 漢表作「樂說」。
	七
	八
	二十二
	十二 四 中六年，靖侯願之元年。
	二十二 建元元年，侯買之元年。 元狩五年，侯買之坐鑄白金弃市，國除。
	百三十一

誤以『水』為『心』。續漢書作『滇陽』也。」								
禾成 索隱 漢志闕	以卒漢（二）〔五〕年初從，以郎中擊代，斬陳豨，侯，千九百戶。	二 十一年正月己未，孝侯公孫耳元年。索隱 漢表「耳」作「昔」。	七	八	四 五年，懷侯漸元年。 九 十四年，侯漸薨，無後，國除。			百十七
堂陽	以中涓從起沛，以郎入漢，	二 十一月正月己未，	七	八 元年，侯德元年。	二十三	十二 中六年，侯德		七十七

索隱縣名，屬鉅鹿	祝阿 索隱縣名，屬平原
以將軍擊籍，爲惠侯。坐守滎陽降楚免，後復來，以郎擊籍，爲上黨守，擊豨，侯，八百戶。	以客從起齧桑，以上隊將入漢，以將軍定魏太原，破井陘，屬淮
哀侯孫赤元年。	二 十一年正月己未，孝侯高邑元年。
	七
	八
	四 五年，侯成元年。 十四 後三年，侯成坐事國人過律
有罪，國除。	
	七十四

	長脩 索隱 縣名，屬河東
陰侯，以甌度軍擊籍及攻豨，侯，八百戶。	以漢二年用御史初從出關，以內史擊諸侯，功比須昌侯，以廷尉死事，千九百戶。
	二　十一年正月丙辰，平侯杜恬元年。集解 一云「杜恪」。索隱 案位次曰「信平侯。」
	二　五　三年，懷侯中元年。
	八
，國除。	四　十九　五年，侯喜元年。
	八　罪，絕。陽平　五　中五年，復封；侯相夫元年。
	三十三　元封四年，侯相夫坐爲太常與樂令無可當鄭舞人擅
	百八

	江邑 索隱漢志闕
	以漢五年爲御史，用奇計徙御史大夫周昌爲趙相而（伐）〔代之，從擊〕陳豨，功侯，六百戶。
	二 十一年正月辛未，侯趙堯元年。
	七
	元年，侯堯有罪，國除。
谿不如令，闌出函谷關，國除。	

國名	營陵　索隱 縣名，屬北海	土軍　索隱 包愷云：「地理志，
侯功	以〔漢〕三年爲郎中，擊項羽，以將軍擊陳豨，得王黃，爲侯。與高祖疏屬劉氏，世爲衞尉。萬二千戶。	高祖六年爲中地守，以廷尉擊陳豨，侯，千二
高祖	二 十一年，侯劉澤元年。	二 十一年二月丁亥，武侯宣義元年。
孝惠	七	五 二 六年，孝侯莫如元
高后	五 六年，侯澤爲琅邪王，國除。	八
孝文		二十三
孝景		二 十四 三年，康侯平元年。
建元至元封		五 建元六年，侯生元 八 元朔二年，生坐與
侯第	八十八	百二十二

西河有土軍縣。」	廣河 索隱縣名，屬鉅鹿
百戶。就國，後爲燕相。	以客從起沛，爲御史，守豐二歲，擊籍，爲上黨守，陳豨反，堅守，侯，千八百戶。後遷御史大夫。
索隱案位次曰「信成侯」也。	二 十一年二月丁亥，懿侯任敖元年。
年。	七
	八
	二 一 三年，夷侯竟元年。 二十 四年，敬侯但元年。
	十六
年。人妻姦罪，國除。	四 建元五年，侯越元年。 二十一 元鼎二年，侯越坐爲太常廟酒酸，不敬，國除。
	八十九

須昌 索隱縣名，屬東郡	以謁者漢王元年初起漢中，雍軍塞陳，謁上，上計欲還，衍言從他道，道通，後為河閒守，陳豨反，誅都尉相如，功侯，千四百戶。	二 十一年二月己酉，貞侯趙衍元年。	七	八	十五 四 十六年，侯戴福元年。 四 後四年，侯不害元年。	四 五年，侯不害有罪，國除。		百七
臨轅 索隱漢志闕。	初起從為郎，以都尉守蘄城	二 十一年二月乙酉，	四 三 五年，夷	八	二十三	三 十三 四年，共侯忠	三 建元四年 二十五 元鼎五年	百十六

	汲 索隱 漢表作「伋」。伋與汲並縣名，屬河內。	
，以中尉侯，五百戶。	高祖六年為太僕，擊代豨，有功，侯，千二百戶。為趙太傅。	
堅侯戚鰓元年。	二 十一年二月己巳，終侯公上不害元年。索隱 公上，姓；不害，名也。	
侯觸龍元年。	一 六 二年，夷侯武元年。	
	八	
	十三 十 十四年，康侯通元年。	
元年。	十六	
，侯賢元年。 ，侯賢坐酎金，國除。	一 九 建元二年，侯廣德元年。 元 元光五年，廣德坐妻精大逆罪	
	百二十三	

	寧陵 索隱 縣名，屬陳留
	以舍人從陳留，以郎入漢，破曹咎成皋，爲上解隨馬，〔以〕都
	二 十一年二月辛亥，夷侯呂臣元年。
	七
	八
	十 十三 十一年，戴侯射元年。
	三 四年，惠侯始元年。 一 五年，侯始薨，無後，國除。
，頗連廣德，弃市， ，頗連廣德，棄市，國除。	
	七十三

	汾陽 索隱 縣名，屬太原
尉擊陳，功侯，千戶。	以郎中騎千人前二年從起碭，夏，擊項羽，以中尉破鍾離眛，功侯。
	二 十一年二月辛亥，侯靳彊元年。 索隱 壯侯靳強。
	七
	二 六 三年，共侯解元年。
	二十三
	四 十二 五年，康侯胡元年。 絕。
	江鄒 十九 元鼎五年，侯石元年。 太始四年五月丁卯，侯石坐爲太常，行太僕事，治甾夫可年，益
	九十六

縱年，國除。

戴 索隱 戴，地名，音再。應劭云：「章帝改曰考城，在故留縣也。」

以卒從起沛，以卒開沛城門，爲太公僕；以中（廐）令擊豨，侯，千二百戶。

二

十一年三月癸酉，敬侯彭祖元年。 索隱 戴敬侯秋彭祖，漢表作「秘」，音轡；又韋昭音符蔑反。今檢史記諸本並作「秋」。今見有姓秋氏。

七

二

六

三年，共侯悼元年。

七

十六

八年，夷侯安國元年。

十六

十六

十二

十五

元朔五年，侯安期元年。

元鼎五年，侯蒙元年。

後元元年五月甲戌，坐祝詛，無

百二十六

	衍 索隱 漢志闕	平州
	以漢二年爲燕令，以都尉下楚九城，堅守燕，侯，九百戶。	漢王四年，以燕相從擊籍，
	二 十一年七月乙巳，簡侯翟盱索隱 況于反。元年。	二 十一年八月甲辰，
	七	七
	三 二 四年，祗侯山元年。 三 六年，節侯嘉元年。	八
	二十三	一 三 二年 四 五年 十五 九年
	十六	十四 二 後二年，
道，國除。	二 建元三年，侯不疑元年。 十 元朔元年，不疑坐挾詔書論，罪，國除。	三十三 元狩五年，侯
	百三十	百十一

索隱 漢志闕。晉書地道記屬巴郡	中牟 索隱 縣名，屬河南	
還擊荼，以故二千石將列爲列侯，千戶。	以卒從起沛，入漢，以郎中擊布，功侯，二千三百戶。始高祖微時，有急，給高祖一馬，故得	
共侯昭涉掉尾元年 索隱 昭涉，姓；掉尾，名也。	十二年十月乙未，共侯單父聖元年。索隱 漢表作「單父左車」。	一
		七
		八
，戴侯福元年。 ，懷侯它人元年。 ，孝侯馬童元年。	八年，敬侯繪元年。 十三年，戴侯終根元	七 五 十一
侯昧元年。		十六
昧坐行馳道更呵馳去罪，國除。	元光五年，侯舜元年。 元鼎五年，侯舜坐酎金，國除。	十 十八
		百二十五

	邔 集解漢書音義曰：「音巨己反。」索隱邔，縣名，屬南郡。漢書音義音其己反。周成雜字解詁云：「邔音距。」	博陽 索隱縣名，屬彭城
侯。	以故羣盜長（爲）臨江將，已而爲漢擊臨江王及諸侯，破布，功侯，千戶。	以卒從起豐，以隊卒入漢，擊籍成臯
	十二年十月戊戌，莊侯黃極中元年。	一 十二年十（一）月辛丑，節
	七	七
	八	八
年。	十一 九 十二年，慶侯榮盛元年。 三 後五年，共侯明元年。	八 十五 九年，侯遬元年。
	十六	十一 中五年，侯遬
	十六 元朔五年，侯遂元年。 八 元鼎元年，遂坐賣宅縣官故貴，國除。	
	百十三	五十三

	陽義 集解徐廣曰：「一作『羛』。」索隱漢表「義」作「羛」也。陽羛，縣屬丹陽。
，有功，為將軍，布反，定吳郡，侯，千四百戶。	以荊令尹漢王五年初從，擊鍾離眜及陳公利幾，破之，徙為漢大夫，從至陳，取韓信，還為中尉，從
侯周聚元年。	一 十二年十月壬寅，定侯靈常元年。
	七
	六 二 七年，共侯賀元年。
	六 七年，哀侯勝元年。 六 十二年，侯勝薨，無後，國除。
奪爵一級，國除。	
	百十九

	擊布，功侯，二千戶。								
下相 索隱 縣名，屬臨淮	以客從起沛，用兵從擊破齊田解軍，以楚丞相堅守彭城，距布軍，功侯，二千戶。	一 十二年十月（乙）〔己〕酉，莊侯冷耳元年。	七	八	二 二十一 三年侯慎元年。	二 三年三月，侯慎反，國除。			八十五
德 索隱 漢志闕；表在濟南。	以代頃王子侯。頃王，吳王濞父也；廣，濞之	一 十二年十一月庚辰，哀侯劉廣元年。	七	二 六 三年，頃侯通元年。	二十三	五 十一 六年，侯齕元年。	二十七 一 元鼎四年，侯何元 元鼎五年，侯何坐		百二十七

國名	侯功	高祖十二	孝惠七	高后八	孝文二十三	孝景十六	侯第
	弟也。					年。酎金，國除。	
高陵 索隱 高陵，縣，志屬琅邪也。	以騎司馬漢王元年從起廢丘，以都尉破田橫、龍且，追籍至東城，以將軍擊布，九百戶。	一 十二年十(一)〔二〕月丁亥，圉侯王周元年。索隱 漢表作「王虞人」。	七	二 六 三年，惠侯并弓元年。	十二 十一 十三年，侯行元年	二 三年，反，國除。	九十二
期思 索隱 縣名，屬汝南	淮南王布中大夫，有郄，上書告布反	一 十二年十二月癸卯，康侯賁	七	八	十三 十四年，赫薨，無後		百三十二

國名	侯功	高祖十二	孝惠七	高后八	孝文二十三	孝景十六	建元至元封六年三十六	侯第
	，侯，二千戶。布盡殺其宗族。	赫元年。索隱 賁，姓。音肥，又如字。			，國除。			
穀陵 索隱 漢志闕	以卒從，前二年起柘，擊籍，定代，爲將軍，功侯。	一 十二年正月乙丑，定侯馮谿元年。索隱 表作「馮谿」。	七	八	六 十七 七年，共侯熊元年。	二 二 三年，隱侯卬元年。 十二 五年，獻侯解元年。	三 建元四年，侯偃元年。	百五
戚	以都尉漢二年初起櫟陽，攻	一 十二年十二月癸卯	七	八	三 二十 四年，齊侯班	十六	二 建元三年 二十 元狩五年	九十

索隱 漢志闕。晉地道記屬東海。	壯 集解 徐廣曰：「一作『莊』。」
廢丘，破之，因擊項籍，別屬（丞）韓信破齊軍，攻臧荼，遷爲將軍，擊信，侯，（合）千戶。	以楚將漢王三年降，起臨濟，以郎中擊籍、陳豨，功侯。
圉侯季必元年。索隱 案：灌嬰傳，重泉人；作「李」，誤也。	一 十二年正月乙丑，敬侯許倩元年。
	七
	八
元年。	二十三
	十五 二年，共侯恢元年。
，侯信成元年。 ，侯信成坐爲太常，縱丞相侵神道壖，不敬，國除。	一 建元二年， 九 元光五年， 十五 元鼎元年，
	百十二

索隱 徐廣云一作「莊」。漢表作「嚴」。	成陽 索隱 縣名，屬汝南。
，六百戶。	以魏郎漢王二年從起陽武，擊籍，屬魏豹，豹反，屬相國彭越，以太原尉
索隱 壯敬侯許猜。猜音偲。	一 十二年正月乙酉，定侯意元年。索隱 成陽定侯奚意。
	七
	八
	十 十三 十一年，侯信元年。
	十六
殤侯則元年。 侯廣宗元年。 侯廣宗坐酎金，國除。	建元元年，侯信罪鬼薪，國除。
	百一十

	桃　索隱　縣名，屬信都
定代，侯，六百戶。	以客從漢王二年從起定陶，以大謁者擊布，侯，千戶。為淮陰守。項氏親也，賜姓。
	一　十二年（二）〔三〕月丁巳，安侯劉襄元年。
	七
	一　奪，絕。 七　二年，復封襄。
	九 十四　十年，哀侯舍元年。
	十六　景帝時，為丞相。
	十三　建元元年，厲侯申元年。 十五　元朔二年，侯自為元年。 元鼎五年，侯自為坐酎金，國除。
	百三十五

高梁 索隱 漢志闕	食其，兵起以客從擊破秦，以列侯入漢，還定諸侯，常使約和諸侯列卒兵聚，侯，功比平侯嘉；以死事，子疥襲食其功侯，九百戶。	一 十二年三月丙寅，共侯酈疥元年。	七	八	二十三	十六	八 元光三年，侯勃元年。 十 元狩元年，坐詐詔衡山王取金，當死，病死，國除。	六十六
紀（信）	以中涓從起豐，以騎將入漢	一 十二年六月壬辰，	七	二 六 三年，夷，	十七 六 後二年，（六	二 三年，陽反，國除。		八十

索隱 漢志闕	，以將軍擊籍，後攻盧綰，侯，七百戶。	匡侯陳倉元年。		侯開元年。	月）侯陽元年。			
甘泉 集解 徐廣曰：「一作『景』。」 索隱 案：志甘泉闕，疑甘泉是甘水。漢表作「景侯」也。	以車司馬漢王元年初從起高陵，屬劉賈，以都尉從軍，侯。	一 十二年六月壬辰，侯王竟 索隱 壯侯王競。 元年。	六 七年，戴侯莫搖元年。 一	八	十 十一年，侯嫖 索隱 匹妙反。漢書作「嬹」，許孕反。說文：「嬹，悅也。」 元年。 十三	九 十年，侯嫖有罪，國除。		百六

煮棗 索隱徐廣云：「在宛句。」	以越連敖從起豐，別以郎將入漢，擊諸侯，以都尉侯，九百戶。	一 十二年六月壬辰，靖侯赤元年。 索隱煮棗端侯棘朱。漢表作「端侯革朱」，作「東」，誤也。棘，革音棘，亦姓，蓋子成之後也。	七	八	一 二十二 二年，赤子康侯武元年。	八 二 中二年，侯昌元年。 中四年，有罪，國除。		七十五
張 索隱縣名，屬廣平。	以中涓騎從起豐，以郎將入漢，從擊諸侯，七	一 十二年六月壬辰，節侯毛澤元年。	七	八	十二 十一年，十一 十三年，	十二 中六年，侯舜有罪，國除。		七十九

	百戶。	索隱 毛澤之，亦作「釋之」也。			夷侯慶元年。侯舜元年。			
鄢陵 索隱 縣名，屬潁川	以卒從起豐，入漢，以都尉擊籍、荼，侯，七百戶。	一 十二年中，莊侯朱濞元年。	七	三 五 四年，恭侯慶元年。	六 七年，恭侯慶薨，無後，國除。			五十二
菌	以中涓前元年從起單父，不入關，以擊籍、布	一 十二年，（六月）莊侯張平元年。	七	四 四 五年，侯勝元年。	三 四年，侯勝有罪，國除。			四十八

集解徐廣曰：「一作『鹵』。」索隱漢志闕，菌音求隕反。徐作「鹵」，音魯。又作「齒」。

、燕王綰，得南陽，侯，二千七百戶。

史記卷十九　惠景間侯者年表第七

太史公讀列封至便侯（一），曰：有以也夫！長沙王者，著令甲，稱其忠焉（二）。昔高祖定天下，功臣非同姓疆土而王者八國（三）。至孝惠時，唯獨長沙全，禪五世（四），以無嗣絕，竟無過，爲藩守職，信矣。故其澤流枝庶，毋功而侯者數人。及孝惠訖孝景閒五十載，追修高祖時遺功臣，及從代來，吳楚之勞，諸侯子弟若肺腑（五），外國歸義，封者九十有餘。咸表始終，當世仁義成功之著者也。

【註】　（一）便：縣名，故城在今湖南永興縣治。　（二）令甲：漢祖以吳芮至忠，故特封爲王，但漢家又有約：「非劉氏不得王」，今封芮爲王，於約不合，故著爲特別法令。　（三）漢初，異姓而王者，有八國，如：吳芮、英布、張耳、臧荼、韓王信、彭越、盧綰、韓信也。又有一解，謂異姓八王：齊王韓信，韓王信，燕王盧綰，梁王彭越，趙王張耳，淮南王英布，臨江王共敖，長沙王吳芮，是也。　（四）禪：傳襲也。　（五）言天子視諸侯之子弟如肺腑然，言其親愛也。

惠景閒侯者年表

國名	侯功	孝惠七	高后八	孝文二十三	孝景十六	建元至元封六年三十六	太初已後
便 索隱漢志縣名，屬桂陽。音鞭。	長沙王子，侯，二千戶。	七 元年九月，頃侯吳淺元年。	八	二十二 一 後七年，恭侯信元年。	五 前六年，侯廣志元年。 十一	二十八 元鼎五年，侯千秋坐酎金，國除。	
軑 集解音大。	長沙相，侯，七百戶。	六 二年四月庚子，侯利倉元年	二 三年，侯 六	十五 十六年，侯彭 八	十六	三十 元封元年，侯	

索隱軑音大，縣名，在江夏也。	平都 索隱縣名，屬東海。	右孝惠時三
	以齊將，高祖三年降，定齊，侯，千戶。	
。索隱漢書作「軑侯朱倉，」故長沙相。	三 五年六月乙亥，孝侯劉到元年。索隱故齊將。已上孝惠時三人也。	
豨元年。	八	
祖元年。	二 三年，侯成元年。二十一	
	十四 後二年，侯成有罪，國除。	
秩為東海太守，行過不請，擅發卒兵為衞，當斬，會赦，國除。		

扶柳　索隱縣名，屬信都。

高后姊長姁子，侯。

七　元年四月庚寅，侯呂平元年。
八年，侯平坐呂氏事誅，國除。

郊　索隱一作「洨」縣名，屬沛郡。

呂后兄悼武王身佐高祖定天下，呂氏佐高祖治天下，天下大安，封武王少子產為郊侯。

五　元年四月辛卯，侯
六年七月壬辰，產
八年，九月產以呂王為漢相，謀為不

	南宮 索隱縣名，屬信都。	梧 索隱
	以父越人為高祖騎將，從軍，以大中大夫侯。	以軍匠從起郟，入漢，後為
呂產元年。為呂王，國除。善。大臣誅產，遂滅諸呂。	七 元年四月丙寅，侯張買元年。八年，侯買坐呂氏事誅，國除。	六 元年四 二 七年
		二十三
		九 七 中三
		八 元光 十四 元狩五

縣名，屬彭城。	少府，作長樂、未央宮，築長安城，先就，功侯，五百戶。		月乙酉，齊侯陽成延元年。 ，敬侯去疾元年。		年，靖侯偃元年。	三年，侯戎奴元年。 年，侯戎奴坐謀殺季父弃市，國除。	
平定　索隱　漢志闕。或鄉名。	以卒從高祖起留，以家車吏入漢，以梟騎都尉擊項籍，得樓煩將功，用齊丞相侯。一云項涓。		八 元年四月乙酉，敬侯齊受元年。	一 四 二年，齊侯市人元年。 六 六年，恭侯應元年。	十六	七 元光二年，康侯延居元年。 六 元鼎二年，侯昌元年。 二 元鼎四年，侯昌有罪，國除。	

	博成　索隱漢志闕。	沛　索隱縣名，屬沛郡。
	以悼武王郎中，兵初起，從高祖起豐，攻雍丘，擊項籍，力戰，奉衞悼武王出滎陽，功侯。	呂后兄康侯少子，侯，奉呂宣王寢園。
	三　元年四月乙酉，敬侯馮無擇元年。 四　四年，侯代元年。 八年，侯代坐呂氏事誅，國除。	七　元年四月乙酉，侯呂種。 一　爲不其侯。 八年，侯種坐呂氏事誅
。 除。		

	襄成 索隱：縣名，屬潁川。	軹 索隱：縣名，屬河內。
	孝惠子，侯。	孝惠子，侯。
元年。 ，國除。	一 元年四月辛卯，侯義元年。 二年，侯義爲常山王，國除。	三 元年四月辛卯，侯朝元年。 四年，侯朝爲常山王，國除。

壺關 索隱縣名，屬河內。	孝惠子，侯。		四 元年四月辛卯，侯武元年。五年，侯武爲淮陽王，國除。				
沅陵 索隱沅陵，縣，近長沙，漢志屬武陵。	長沙嗣成王子，侯。		八 元年十一月壬申，頃侯吳陽元年。	十七、 六 後二年，頃侯福元年。	十一、 四 中五年，哀侯周元年。後三年，侯周薨，無後，國除。		

上邳	楚元王子，侯。		七 二年五月丙申，侯劉郢客元年。	一 二年，侯郢客爲楚王，國除。		
朱虛 索隱縣名，屬琅邪。	齊悼惠王子，侯。		七 二年五月丙申，侯劉章元年。	一 二年，侯章爲城陽王，國除。		
昌平 索隱縣名，屬上谷。	孝惠子，侯。索隱實呂氏也。		三 四年二月癸未，侯太元年。七年，太爲呂王，國除。			
贅其	呂后昆弟子，		四			

索隱縣名，屬臨淮。	用淮陽丞相侯。		四年四月丙申，侯呂勝元年。 八年，侯勝坐呂氏事誅，國除。			
中邑 索隱漢志闕。	以執矛從高祖入漢，以中尉破曹咎，用呂相侯，六百戶。		五 四年四月丙申，（眞）〔貞〕侯朱通元年。	十七 六 後二年，侯悼元年。	十五 後三年，侯悼有罪，國除。	
樂平 索隱漢志闕。	以隊卒從高祖起沛，屬皇訢，以郎擊陳餘，用衞尉侯，六百戶。		二 三 四年四月丙申，簡侯衞無擇元年。 六年，恭侯勝元年。	二十三	十五 一 後三年，侯侈元年。	五 建元六年，侯侈坐以買田宅不法，又

	山都 索隱 漢志闕。	松茲 集解 徐廣曰：「松」，一作『』
	高祖五年爲郎中柱下令，以衞將軍擊陳豨，用梁相侯。	兵初起，以舍人從起沛，以郎（吏）〔中〕入漢，還，得雍王邯家屬功，用常山丞相侯。
元年。 。	五 四年四月丙申，貞侯王恬開元年。	五 四年四月丙申，夷侯徐厲元年。
	三 二十 四年，惠侯中黃元年。	六 十七 七年，康侯悼元年。
。	三 十三 四年，敬侯觸龍元年。	十二 四 中六年，侯偃元年。
請求吏罪，國除。	二十二 八 元狩五年，侯當元年。 元封元年，侯當坐與奴闌入上林苑，國除。	五 建元六年，侯偃有罪，國除。

祝。【索隱】漢表作「祝，」縣名，屬廬江。	成陶【集解】徐廣曰：「一作『陰。』」
	以卒從高祖起單父，爲呂氏舍人，度呂（氏）〔后〕淮之功，用河南守侯，五百戶。
	五　四年四月丙申，夷侯周信元年。
	十六　十二年，孝侯勃元年。　三　十五年，侯勃有罪，國除。

索隱漢表作「成陰」也，漢志闕。	兪 集解如淳曰：「音輸。」索隱兪音輸。兪縣屬清
	以連敖從高祖破秦，入漢，以都尉定諸侯，功比朝陽侯。嬰死，子它襲功，用太中大夫侯。
	四 四年四月丙申，侯呂它元年。索隱呂他，他音駞，呂嬰子也。 八年，侯它坐呂氏事誅，國除。

河也。

滕 索隱勝侯。一作「滕」。劉氏云作「勝」恐誤。今案：滕縣屬沛郡，「

以舍人、郎中，十二歲，以都尉屯田霸上，用楚相侯。

四

四年四月丙申，侯呂更始元年。索隱更始，呂氏之族。

八年，侯更始坐呂氏事誅，國除。

勝」未聞。							
醴陵（索隱縣名，今在長沙。）	以卒從，漢王二年初起櫟陽，以卒吏擊項籍，爲河內都尉，（用）長沙相侯，六百戶。		五 四年四月丙申，侯越元年。	三 四年，侯越有罪，國除。			
呂成	呂后昆弟子，侯。		四 四年四月丙申，侯呂忿元年。八年，侯忿坐呂氏事，誅，國除。				

東牟 索隱縣名，屬東萊。	錘 集解一作「鉅」。索隱縣名，屬東萊。
齊悼惠王子，侯。	呂肅王子，侯。
六年四月丁酉，侯劉興居元年。 三	二 六年四月丁酉，侯呂通索隱呂后兄子。元年。 八年，侯通為燕王，坐呂氏事，國除。
一 二年，侯興居為濟北王，國除。	

信都 索隱縣名，屬信都。	以張敖、魯元太后子侯。		一 八年四月丁酉，侯張侈 索隱敖子，以魯元公主封。元年。	元年，侯侈有罪，國除。			
樂昌	以張敖、魯元太后子侯。		一 八年四月丁酉，侯張受元年。	元年，侯受有罪，國除。			
祝茲 索隱漢書作「琅邪」。	呂后昆弟子，侯。		八年四月丁酉，侯呂榮元年。坐呂氏事誅，國除。				

建陵 索隱 漢表作「東海」。	以大謁者侯，宦者，多奇計。		八年四月丁酉，侯張澤元年。索隱 一名釋。九月，奪侯，國除。				
東平 集解 徐廣曰：「一作『康』。」索隱 縣名，在東平。	以燕王呂通弟侯。		八年五月丙辰，侯呂莊元年。坐呂氏事誅，國除。				

右高后時三十一

陽信 索隱表在新野，志屬勃海，恐有二縣。	高祖十二年爲郎。以典客奪趙王呂祿印，關殿門拒呂產等入，共尊立孝文，侯，二千戶。			十四 元年三月辛丑，侯劉揭元年。索隱陽信夷侯劉揭。 九 十五年，侯中意元年。	五 六年，侯中意有罪，國除。		
軹 索隱縣名，屬河內也。	高祖十年爲郎，從軍，十七歲爲太中大夫，迎孝文代，用車騎將軍迎太后，侯，萬戶。薄太后弟。			十 元年四月乙巳，侯薄昭元年。 十三 十一年，易侯戎奴元年。	十六	一 建元二年，侯梁元年。	

壯武 索隱 縣名，屬膠東。	以家吏從高祖起山東，以都尉從（之）〔守〕滎陽，食邑，以代中尉勸代王入，驂乘至代邸，王卒為帝，功侯，千四百戶。	
元年四月辛亥，侯宋昌元年。	二三	
十六	中四年，侯昌奪侯，國除。	
清都 集解 徐廣曰：「一作『鄡』，音苦堯。」	以齊哀王舅父侯。索隱 舅父即舅，猶姨曰姨母然也。	
五	元年四月辛未，侯駟鈞元年。	前六年，鈞有罪，國除。

反。」索隱清郭侯駟鈞。齊封田嬰爲清郭君。漢表「鄔侯駟鈞，」鄔，太原齊縣。

周陽 索隱縣名，屬上郡。	以淮南厲王舅父侯。			五 元年四月辛未，侯趙兼元年。 前六年，兼有罪，國除。			
樊 索隱縣名，屬東平。	以睢陽令（從）高祖初起（從）阿，以韓家子還定北地，用常山相侯，千二百戶。			十四 元年六月丙寅，侯蔡兼元年。 九 十五年，康侯客元年。集解徐廣曰：「客，」作『容。』」	九 七 中三年，恭侯平元年。	十二 元朔二年，侯辟方元年。 十四 元鼎四年，侯辟方有罪，國除。	
管	齊悼惠王子，			二 十八	二		

索隱 管，古國，今為縣，屬滎陽。	侯。			四年五月甲寅，恭侯劉罷軍元年。索隱 共侯劉罷軍。 六年，侯戎奴元年。	三年，侯戎奴反，國除。	
瓜丘 索隱 斥丘。縣，在魏郡。	齊悼惠王子。			六 四年五月甲寅，侯劉寧國元年。 九 十五年，侯偃元年。	二 三年，侯偃反，國除。	
營 索隱 表在	齊悼惠王子，侯。			十 四年五月甲寅 十 十四年，	二 三年，侯廣反，國	

濟南。	楊虛	朸
	齊悼惠王子，侯。	齊悼惠王子，
，平侯劉信都元年。 侯廣元年。	十三 四年五月甲寅，恭侯劉將廬元年。 索隱 楊虛共侯劉將廬。漢書作「將閭，」齊悼惠王子，襲封，王子也。 十六 年，侯將廬爲齊王，有罪，國除。	十三
除。		

集解音力。索隱縣名，屬平原。音力。	安都 索隱漢志闕。	
侯。	齊悼惠王子，侯。	
四年五月甲寅，侯劉辟光元年。 十六年，侯辟光爲濟南王，國除。	亖 四年五月甲寅，侯劉志元年。 十六年，侯志爲濟北王，國除。	

平昌　索隱縣名，屬平原。	齊悼惠王子，侯。			十二　四年五月甲寅，侯劉卬元年。　十六年，侯卬為膠西王，國除。			
武城　索隱漢志闕。凡闕者，或鄉名，或尋廢，故志	齊悼惠王子，侯。			十二　四年五月甲寅，侯劉賢元年。　十六年，侯賢為菑川王，國除。			

不載。							
白石 索隱 縣名，屬金城。	齊悼惠王子，侯。			亖 四年五月甲寅，侯劉雄渠元年。 十六年，侯雄渠為膠東王，國除。			
波陵 索隱 漢志作「泝」，音	以陽陵君侯。			五 七年三月甲寅，康侯魏駟元年。 十二年，康侯魏駟薨，			

泜。

無後，國除。

南鄭 集解徐廣曰：「一作『朝』。」索隱韋昭音貞，音「程」。李彤云：「

以信平君侯。

一 七年三月丙寅，侯起元年。索隱起，名也，史失其姓。

孝文時坐後父故奪爵級，關內侯。

河南有郎亭。」音禎。	阜陵 索隱 縣名，屬九江。	安陽 索隱 安陵縣。
	以淮南厲王子侯。	以淮南厲王子侯。
	八 八年五月丙午，侯劉安元年。 十六年，安爲淮南王，國除。	八 八年五月丙午， 十六年，侯勃爲衡山

名，屬馮翊，恐別有「安陵」。	陽周	東城 索隱
	以淮南厲王子侯。	以淮南厲王子侯。
，侯勃元年。王，國除。	八 八年五月丙午，侯劉賜元年。十六年，侯賜為廬江王，國除。	七 八年五 十五

縣名，屬九江。	犂 索隱縣名，屬東郡。	缾 索隱縣名，屬
	以齊相召平子侯，千四百一十戶。	以北地都尉孫卬，匈奴入北地，力戰死事，子侯。
月丙午，哀侯劉良元年。 年，侯良薨，無後，國除。	十六 十年四月癸丑，頃侯召奴元年。 三 後五年，侯澤元年。	十 十四年三月丁巳，侯孫單元年。
	十六	二 前三年，侯單謀反，國除。
	十六 元朔五年，侯延元年。 九 元封六年，侯延坐不出持馬，斬，國除。	

琅邪。鉼音瓶。	弓高 索隱漢表在營陵。	襄成 索隱襄城，志屬潁川。	故安
	以匈奴相國降，故韓王信孼子，侯，千二百三十七戶。	以匈奴相國降侯，故韓王信太子之子，侯，千四百三十二戶。	孝文元年，舉
	十六年六月丙子，莊侯韓頹當元年。 八	七 十六年六月丙子，哀侯韓嬰元年。 一 後七年，侯澤之元年。	五
	前元年，侯則元年。 十六	十六	二 十四
	十六 元朔五年，侯則薨，無後，國除。	十五 元朔四年，侯澤之坐詐病不從，不敬，國除。	十九 五

索隱 縣名，屬涿郡。	淮陽守從高祖入漢功侯，食邑五百戶：用丞相侯，一千七百一十二戶。			後三年四月丁巳，節侯申屠嘉元年。	前三年，恭侯蔑元年。	元狩二年，清安侯臾元年。元鼎元年，臾坐爲九江太守有罪，國除。	
章武 索隱 縣名，屬勃海。	以孝文后弟侯，萬一千八百六十九戶。			一 後七年六月乙卯，景侯竇廣國元年。	六 前七年，恭侯完元年。 十	八 元光三年，侯常坐元年。 十 元狩元年，侯常坐謀殺人未殺罪，國除。	
南皮 索隱 縣名，屬	以孝文后兄竇長君子侯，六千四百六十戶。			一 後七年六月乙卯，侯竇彭祖元年。	十六	五 五 六 建元六 元光五 元鼎五年，侯	

勃海。	右孝文時二十九	平陸 索隱縣名，屬西河。又有東平陸，在
		楚元王子，侯，三千二百六十七戶。
		二 元年四月乙巳，集解一云「乙卯」。侯劉禮元年。三年，侯禮為楚王，國除。
年，夷侯良元年。年，侯桑林元年。桑林坐酎金罪，國除。		

東平。	休
	楚元王子，侯。
	二 元年四月乙巳，侯富元年。 三年，侯富以兄子戎為楚王反，富與家屬至長安北闕自歸，不能相教，上印綬。詔復王。後以平陸侯為

	沈猶 索隱漢表在高苑。	紅 索隱紅，休，
	楚元王子，侯，千三百八十戶。	楚元王子，侯，千七百五十戶。
楚王，更封富爲紅侯。	十六 元年四月乙巳，夷侯劉穢元年。	四 三年四月乙巳 一 前七年 九 中元年，敬侯
	四 建元五年，侯受元年。 六 元狩五年，侯受坐故爲宗正聽謁不具宗室，不敬，國除。	十五 元朔四年，侯 一 元朔五年，侯章薨，

蓋二鄉名。王莽封劉歆爲紅休侯。一云紅即虹縣也。
，莊侯富元年。索隱紅，雅侯劉富，一云禮侯也，楚元王子。案王傳，休侯富免後封紅侯， ，悼侯澄元年。 發元年。集解發，一作「嘉」。
章元年。無後，國除。

	宛朐 索隱宛朐，縣名，屬濟陰。	魏其
	楚元王子，侯。	以大將軍屯滎
此則並列，誤也。漢表一書而已。	二 元年四月乙巳，侯劉埶元年。 索隱蕭該埶音藝。 三年，侯埶反，國除。	十四
		九

索隱縣名，屬琅邪。	棘樂
陽，扞吳楚七國，侯，三千三百五十戶。	楚元王子，侯，戶千二百一十三。
三年六月乙巳，侯竇嬰元年。	十四 三年八月壬子，敬侯劉調元年。
建元元年，嬰為丞相，二歲免。 元光四年，侯嬰坐爭灌夫事，上書稱為先帝詔，矯制害，弃市，國除。	一 建元二年，恭侯應元年。 十二 元朔元年，侯慶 十六 元鼎五年，侯慶坐酎金，國除。

	俞 索隱俞音輸，縣名，屬清河。	建陵
	以將軍吳楚反時擊齊有功。布故彭越舍人，越反時布使齊，還已梟越，布祭哭之，當亨，出忠言，高祖舍之。黥布反，布爲都尉，侯，戶千八百。	以將軍擊吳楚功，用中尉侯，戶一千三百。
	六 六年四月丁卯，侯欒布元年。 中五年，侯布薨。	十一 六年四月丁卯，敬侯衞綰元
元年。	十 元狩六年，侯賁坐爲太常廟犧牲不如令，有罪，國除。集解 一云元朔二年，侯賁元年。	十 元光五年 十六 元鼎五年，侯

	建平 索隱縣名，屬沛郡。	平曲 索隱案：
一十。	以將軍擊吳楚功，用江都相侯，戶三千一百五十。	以將軍擊吳楚功，用隴西太守侯，戶三千
年。	十六 六年四月丁卯，哀侯程嘉元年。	五 六年四月己巳 中四年，
，侯信元年。 信坐酎金，國除。	七 元光二年，節侯橫元年。 一 元光三年，侯回元年。 一 元光四年，侯回薨，無後，國除。	

漢表在高城。	江陽 索隱 縣，在東海也。
二百二十。	以將軍擊吳楚功，用趙相侯，戶二千五百四十一。
，侯公孫昆 索隱 漢書作「渾」。邪元年。 侯昆邪有罪，國除。太僕賀父。	四 六年四月壬申，康侯蘇嘉元年。集解 徐廣曰：「蘇，一作 七 中三年，懿侯盧元年。集解 徐廣曰：「一作『哀
	二 建元三年，侯明元年。 十六 元朔六年，侯雕元年。 十二 元鼎五年，侯雕坐酎金，國除。

	遽 索隱案漢表，鄉名，在常山。	新市 索隱縣名
	以趙相建德，王遂反，建德不聽，死事，子侯，戶千九百七十。	以趙內史王慎，王遂反，慎不聽，死事，
『籍。」 侯』。」 索隱漢表作「蘇息」。	六 中二年四月乙巳，侯橫索隱史失其姓。元年。 後二年，侯橫有罪，國除。	五 中二年四月乙 三 後元年，
		九 元光四年，殤侯始

，屬鉅鹿。	商陵 索隱漢表在臨淮。	山陽
子侯，戶一千十四。	以楚太傅趙夷吾，王戊反，不聽，死事，子侯，千四十五戶。	以楚相張尚，王戊反，尚不
巳，侯王康元年。殤侯始昌元年。	八 中二年四月乙巳，侯趙周元年。	八 中二年四月乙
昌爲人所殺，國除。	二十八 元鼎五年，侯周坐爲丞相知列侯酎金輕，下廷尉，自殺，國除。	十六 元朔五年

	安陵	垣
聽，死事，子侯，戶千一百一十四。	以匈奴王降侯，戶一千五百一十七。	以匈奴王降侯
已，侯張當居元年。	七 中三年十一月庚子，侯子軍元年。	三
，侯當居坐爲太常程博士弟子故不以實罪，國除。 集解徐廣曰：「程，一作『澤。』」	五 建元六年，侯子軍薨，無後，國除。	

索隱縣名，屬河東。	遒　索隱縣名，屬涿郡。音茲鳩反。
。	以匈奴王降侯，戶五千五百六十九。
中三年十二月丁丑，侯賜元年。　六年，賜死，不得及嗣。	中三年十二月丁丑，侯隆彊索隱遒侯李隆彊。元年。不得隆彊嗣。
	後元年四月甲辰，侯則坐使巫齊少君祠祝詛，大逆無道，國除。集解徐廣曰：「漢書云武後二年。」

容成 索隱 縣名，屬涿郡。	以匈奴王降侯，七百戶。				七 中三年十二月丁丑，侯唯徐盧 索隱 容成侯唯徐盧。元年。	十四 建元元年，康侯綽元年。 二十二 元朔三年，侯光元年。	十六 後二年，三月壬辰，侯光坐祠祝詛，國除。
易 索隱 縣名，屬涿郡。	以匈奴王降侯。				六 中三年十二月丁丑，侯僕黥元年。 後二年，侯僕黥薨，無嗣。		
范陽 索隱	以匈奴王降侯，戶千一百九				七 中三年十二月	七 元光 二 元光四	

國名	侯功						
縣名，屬涿郡。	十七。				丁丑，端侯代索隱 范陽靖侯代。元年。	二年，懷侯德元年。 年，侯德薨，無後，國除。	
翕 索隱 漢表在內黃。	以匈奴王降侯。				七 中三年十二月丁丑，侯邯鄲元年。	九 元光四年，侯邯鄲坐行來不請長信，不敬，國除。	
亞谷 索隱 一作「惡父」，漢	以匈奴東胡王降，故燕王盧綰子侯，千五百戶。				二 中五年四月丁巳，簡侯它父索隱 簡 三 後元年，安侯種元年。	十一 建元元年，康侯偏元年。 二十五 元光六年，侯賀元年。	十四 征和二年七月辛巳，侯賀坐太子事

表在河內。	隆慮 索隱 隆慮 音林閭。縣名，屬河內。	乘氏 索隱 縣名，屬濟陰。
	以長公主嫖子侯，戶四千一百二十六。	以梁孝王子侯。
侯他父。元年。	五 中五年五月丁丑，侯蟜元年。集解 徐廣曰：「案本紀乃前五年，非中五年。」	中五年五月丁卯，中六年，侯買嗣為梁王，國
。	二十四 元鼎元年，侯蟜坐母長公主薨未除服，姦，禽獸行，當死，自殺，國除。	
，國除。		

	桓邑	蓋 索隱漢表在勃海。
	以梁孝王子侯。	以孝景后兄侯，戶二千八百九十。
侯買元年。 除。	一 中五年五月丁卯，侯明元年。 中六年，爲濟川王，國除。	五 中五年五月甲戌，靖侯王信元年。
		丰、 元狩三年，侯偃元年。 八 元鼎五年，侯偃坐酎金，國除。

	塞	武安
國名	塞	武安 索隱縣名，屬魏郡。
侯功	以御史大夫前將（軍）兵擊吳楚功侯，戶千四百四十六。	以孝景后同母弟侯，戶八千二百一十四。
	三 後元年八月，侯直不疑元年。	一 後三年三月，侯田蚡元年。
	建元四年，侯相如元年。 十二 元朔四年，侯堅元年。 十三 元鼎五年，侯堅坐酎金，國除。	九 元光四年，侯梧元年。 五 元朔三年，侯梧坐衣襜褕入宮廷中

，不敬，國除。

周陽【索隱】縣名，屬上郡。

以孝景后同母弟侯，戶六千二十六。

一
後三年三月，懿侯田勝元年。

十六
元光六年，侯彭祖元年。

八
元狩二年，侯彭祖坐當歸與章侯宅不與罪，國除。

右孝景時三十（一）

史記今註第二冊

主編者◆中華文化復興運動推行委員會
國立編譯館中華叢書編審委員會

註者◆馬持盈

發行人◆王學哲

總編輯◆施嘉明

出版發行：臺灣商務印書館股份有限公司
台北市重慶南路一段三十七號
電話：(02)2371-3712
讀者服務專線：0800056196
郵撥：0000165-1
網路書店：www.cptw.com.tw
E-mail：cptw@cptw.com.tw
網址：www.cptw.com.tw

局版北市業字第 993 號
初版一刷：1979 年 7 月
初版六刷：2005 年 8 月
定價：新台幣 400 元

ISBN 957-05-1468-X

史記今註 / 馬持盈註. --初版. --臺北市：
臺灣商務, 1979- [民68-]
冊 ； 公分. --(古籍今註今譯)

ISBN 957-05-0932-5(第一冊：平裝). --
ISBN 957-05-1468-X(第二冊：平裝). --ISBN
957-05-1351-9(第三冊：平裝). --ISBN 957-
05-1249-0(第四冊：平裝). --ISBN 957-05-
1177-X(第五冊：平裝). --ISBN 957-05-1250
-4(第六冊：平裝)

1. 史記-註釋

610.11 83005085